사전이 필요없는 상공회의소 한자

암기노트

중급 (3·4·5급)

멘토르교육교재팀 저

사전이 필요없는 상공회의소
한자 암기노트 중급 (3·4·5급)

1판 1쇄 발행 | 2015년 2월 1일

지 은 이 | 멘토르교육교재팀
펴 낸 이 | 안동명·정연미
펴 낸 곳 | 에듀멘토르출판사
기　　 획 | 신꽃다미·윤정자
편집 디자인 | 김옥자
표지 디자인 | 워트먼
마 케 팅 | 김경용·정재영
경 영 지 원 | 김민지
내 용 문 의 | mentorbook@naver.com
등　　 록 | 2011년 3월 16일 제2009-16호
주　　 소 | 서울시 광진구 중곡1동 647-21 3층
전　　 화 | 02-711-0911
팩　　 스 | 02-711-0920
I S B N | 978-89-94127-68-2 13710
가　　 격 | 7,000원

암기노트 5급 한자

600자!!

4　　　　　　　　　　**5급 한자**

총1획　1. 一

총2획　2. 九

3. 刀　4. 力　5. 十　6. 二

7. 人　8. 入　9. 七　10. 八

총3획　11. 千　12. 工　13. 口

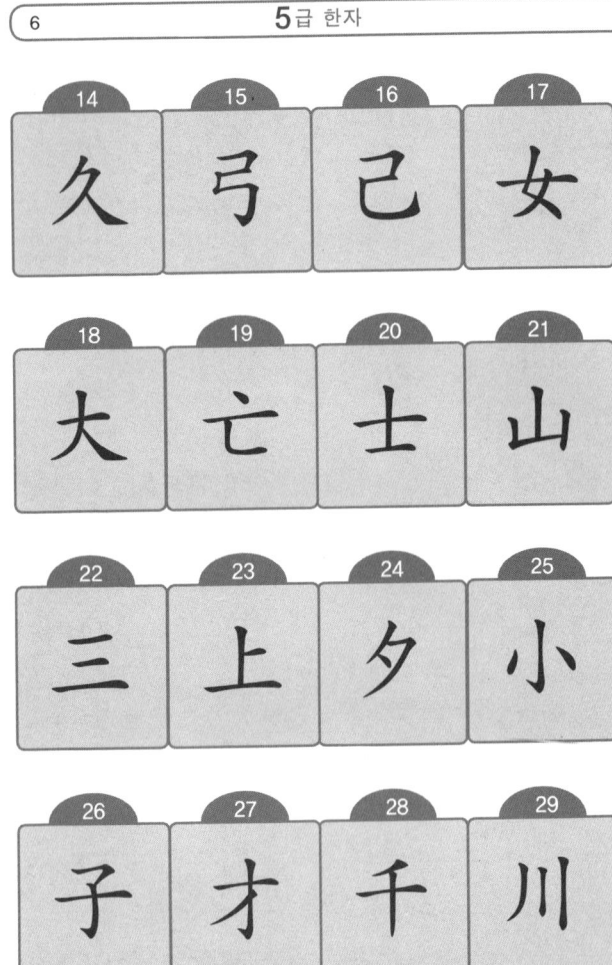

5급 한자

30	31	32	
寸	土	下	총 4획

33	34	35	36
犬	公	今	内

37	38	39	40
丹	斗	六	毛

41	42	43	44
木	文	反	方

5급 한자

30 寸 마디 촌 — 寸 지사

31 土 흙 토 — 土 상형

32 下 아래 하 — 一 지사

총 **4**획

33 犬 개 견 — 犬 상형

34 公 공평할 공 — 八 회의

35 今 이제 금 — 人 상형

36 內 안 내 — 入 회의

37 丹 붉을 단 — 丶 지사

38 斗 말 두 — 斗 상형

39 六 여섯 륙 — 八 상형

40 毛 터럭(털) 모 — 毛 상형

41 木 나무 목 — 木 상형

42 文 글월 문 — 文 상형

43 反 돌이킬 반 — 又 회의

44 方 모 방 — 方 상형

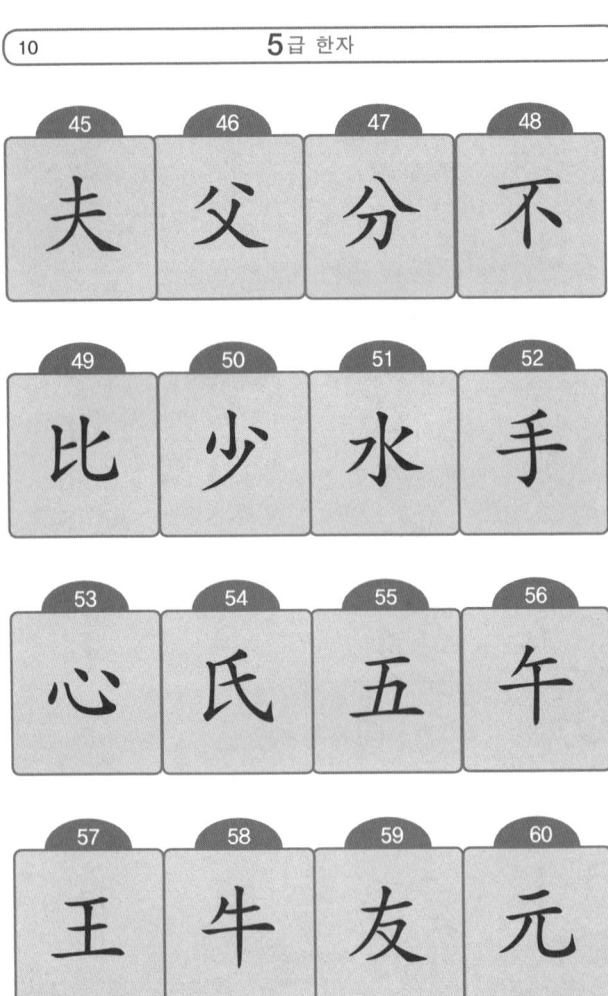

5급 한자

61	62	63	64
月	引	仁	日

65	66	67	68
中	止	支	天

69	70	71	72
太	片	火	化

73		74	75
凶	총5획	可	加

문제 01 다음 한자 단어의 음을 보기에서 골라 적어 보자.

① 果刀 (   ) ② 力士 (   ) ③ 消化 (   )

④ 若干 (   ) ⑤ 永久 (   ) ⑥ 反對 (   )

⑦ 最上 (   ) ⑧ 人工 (   ) ⑨ 公有 (   )

⑩ 才子 (   ) ⑪ 死亡 (   ) ⑫ 片肉 (   )

⑬ 義士 (   ) ⑭ 不可 (   ) ⑮ 犬馬 (   )

답을 골라 볼까...

견마	과도	불가	역사	인공
의사	소화	재자	사망	공유
최상	영구	약간	반대	편육

※ 상공회의소 한자시험 기출 한자들입니다.

정답
한자 단어의 음과 뜻을 새기며 읽어 보자.

① **果刀(과도)** 과일을 깎는 칼(**果** 열매 과 **刀** 칼 도)
② **力士(역사)** 뛰어나게 힘이 센 사람(**力** 힘 역(력) **士** 선비 사)
③ **消化(소화)** 섭취한 음식물을 분해하여 영양분을 흡수하기 쉬운 형태로 변화시키는 일(**消** 사라질 소 **化** 될 화)
④ **若干(약간)** 양이 얼마 되지 않음
  (**若** 같을 약 **干** 방패 간/줄기 간)
⑤ **永久(영구)** 어떠한 상태가 무한함(**永** 길 영/읊을 영 **久** 오랠 구)
⑥ **反對(반대)** 어떤 행동이나 견해, 제안 따위에 따르지 아니하고 맞서 거스름(**反** 돌이킬 반 **對** 대할 대)
⑦ **最上(최상)** 수준이나 등급 따위의 맨 위(**最** 가장 최 **上** 윗 상)
⑧ **人工(인공)** 사람의 힘으로 자연에 대하여 가공하거나 작용을 하는 일(**人** 사람 인 **工** 장인 공)
⑨ **公有(공유)** 국가나 지방 자치 단체의 소유
  (**公** 공평할 공 **有** 있을 유)
⑩ **才子(재자)** 재주가 뛰어난 젊은 남자(**才** 재주 재 **子** 아들 자)
⑪ **死亡(사망)** 사람이 죽음(**死** 죽을 사 **亡** 망할 망)
⑫ **片肉(편육)** 고기를 삶아서 얇게 썰어 놓음
  (**片** 조각 편, 절반 반 **肉** 고기 육)
⑬ **義士(의사)** 의로운 지사(**義** 옳을 의 **士** 선비 사)
⑭ **不可(불가)** 옳지 않음(**不** 아닐 불 **可** 옳을 가)
⑮ **犬馬(견마)** 개와 말(**犬** 개 견 **馬** 말 마)

5급 한자

76	77	78	79
去	古	功	句
갈 거	예 고	공 공	글귀 구
ム 회의	口 회의	力 형성	口 형성

80	81	82	83
代	冬	令	立
대신할 대	겨울 동	하여금 령	설 립
亻=人 형성	冫 회의	人 회의	立 상형

84	85	86	87
末	母	目	未
끝 말	어미 모	눈 목	아닐 미
木 지사	母 상형	目 상형	木 상형

88	89	90	91
民	半	白	本
백성 민	반 반	흰 백	근본 본
氏 상형	十 회의	白 상형	木 지사

5급 한자

- 92. 北
- 93. 氷
- 94. 四
- 95. 史
- 96. 仕
- 97. 生
- 98. 石
- 99. 仙
- 100. 世
- 101. 市
- 102. 示
- 103. 失
- 104. 永
- 105. 玉
- 106. 外
- 107. 用

5급 한자

92 北 북녘 북	匕 회의
93 氷 얼음 빙	水 회의
94 四 넉 사	口 지사
95 史 사기 사	口 회의
96 仕 섬길 사	亻=人 형성
97 生 날 생	生 회의
98 石 돌 석	石 상형
99 仙 신선 선	亻=人 형성
100 世 인간 세	一 회의
101 市 저자 시	巾 형성
102 示 보일 시	示 상형
103 失 잃을 실	大 지사
104 永 길 영	水 회의
105 玉 구슬 옥	玉 상형
106 外 바깥 외	夕 회의
107 用 쓸 용	用 회의

5급 한자

108	109	110	111
右	由	以	田

112	113	114	115
正	左	主	冊

116	117	118	119
出	打	平	皮

120	121		122
必	兄	총6획	各

5급 한자

108
右 오른쪽 우 — 口 회의

109
由 말미암을 유 — 田 상형

110
以 써 이 — 人 회의

111
田 밭 전 — 田 상형

112
正 바를 정 — 止 회의

113
左 왼 좌 — 工 회의

114
主 주인 주 — 丶 상형

115
冊 책 책 — 冂 상형

116
出 날 출 — 凵 회의

117
打 칠 타 — 扌=手 회의

118
平 평평할 평 — 干 회의

119
皮 가죽 피 — 皮 회의

120
必 반드시 필 — 心 회의

121
兄 형 형 — 儿 회의

총 6획

122
各 각각 각 — 口 회의

5급 한자

123	124	125	126
江	考	曲	共

127	128	129	130
光	交	吉	年

131	132	133	134
多	同	列	老

135	136	137	138
名	米	百	死

5급 한자

123	124	125	126
江 강 강 / 氵=水 형성	考 생각할 고 / 耂=老 상형	曲 굽을 곡 / 日 상형	共 한가지 공 / 八 회의

127	128	129	130
光 빛 광 / 儿 회의	交 사귈 교 / 亠 상형	吉 길할 길 / 口 회의	年 해 년 / 干 회의

131	132	133	134
多 많을 다 / 夕 회의	同 한가지 동 / 口 회의	列 벌릴 렬 / 刂=刀 회의	老 늙을 로 / 老 상형

135	136	137	138
名 이름 명 / 口 회의	米 쌀 미 / 米 상형	百 일백 백 / 白 회의	死 죽을 사 / 歹 회의

5급 한자

139	140	141	142
寺	色	西	先

143	144	145	146
守	收	式	臣

147	148	149	150
安	羊	宇	有

151	152	153	154
肉	衣	耳	因

5급 한자

139 寺 절 사 — 寸 형성	140 色 빛 색 — 色 회의	141 西 서녘 서 — 襾 상형	142 先 먼저 선 — 儿 회의
143 守 지킬 수 — 宀 회의	144 收 거둘 수 — 攵=攴 형성	145 式 법 식 — 弋 형성	146 臣 신하 신 — 臣 상형
147 安 편안 안 — 宀 회의	148 羊 양 양 — 羊 상형	149 宇 집 우 — 宀 형성	150 有 있을 유 — 月 상형
151 肉 고기 육 — 肉 상형	152 衣 옷 의 — 衣 상형	153 耳 귀 이 — 耳 상형	154 因 인할 인 — 囗 상형

문제 02 다음 한자 단어의 음을 보기에서 골라 적어 보자.

① 歷史 (　　)　② 世情 (　　)　③ 宇宙 (　　)

④ 出發 (　　)　⑤ 使用 (　　)　⑥ 問安 (　　)

⑦ 先生 (　　)　⑧ 同意 (　　)　⑨ 去來 (　　)

⑩ 功勞 (　　)　⑪ 毛皮 (　　)　⑫ 死因 (　　)

⑬ 代身 (　　)　⑭ 失敗 (　　)　⑮ 未來 (　　)

답을 골라 볼까...

문안	실패	세정	미래	공로
우주	출발	선생	사용	사인
거래	역사	대신	동의	모피

※ 상공회의소 한자시험 기출 한자들입니다.

정답   한자 단어의 음과 뜻을 새기며 읽어 보자.

① **歷史(역사)** 인간 사회가 거쳐온 변천의 모습, 또는 그 기록
 (**歷** 지날 역(력) **史** 사기 사)
② **世情(세정)** 세상의 사정이나 형편, 또는 세상 사람들의 인심
 (**世** 인간 세 **情** 뜻 정)
③ **宇宙(우주)** 무한한 시간과 만물을 포함하고 있는 끝없는 공간의
 총체(**宇** 집 우 **宙** 집 주)
④ **出發(출발)** 목적지를 향하여 나아감(**出** 날 출 **發** 필 발)
⑤ **使用(사용)** 일정한 목적이나 기능에 맞게 씀
 (**使** 하여금 사 **用** 쓸 용)
⑥ **問安(문안)** 웃어른께 안부를 여쭘(**問** 물을 문 **安** 편안 안)
⑦ **先生(선생)** 학생을 가르치는 사람(**先** 먼저 선 **生** 날 생/살 생)
⑧ **同意(동의)** 같은 의미. 의견을 같이 함(**同** 한가지 동 **意** 뜻 의)
⑨ **去來(거래)** 돈을 서로 주고받거나 물건을 사고파는 일
 (**去** 갈 거 **來** 올 래)
⑩ **功勞(공로)** 목적을 이루는 데 들인 노력과 수고
 (**功** 공 공 **勞** 일할 로(노))
⑪ **毛皮(모피)** 털이 붙어 있는 짐승의 가죽(**毛** 터럭 모 **皮** 가죽 피)
⑫ **死因(사인)** 죽게 된 원인(**死** 죽을 사 **因** 인할 인)
⑬ **代身(대신)** 남의 일을 대행함. 다른 것의 대용
 (**代** 대신할 대 **身** 몸 신)
⑭ **失敗(실패)** 일을 잘못하여 뜻한 대로 되지 아니하거나 그르침
 (**失** 잃을 실 **敗** 패할 패)
⑮ **未來(미래)** 앞으로 올 때. 앞날(**未** 아닐 미 **來** 올 래(내))

155	156	157	158
字	自	在	再

159	160	161	162
全	早	兆	存

163	164	165	166
竹	地	至	次

167	168	169	170
充	宅	合	行

5급 한자

171	172	173	174
向	血	好	回

175		176	177
休	총7획	角	改

178	179	180	181
車	見	決	告

182	183	184	185
谷	究	求	君

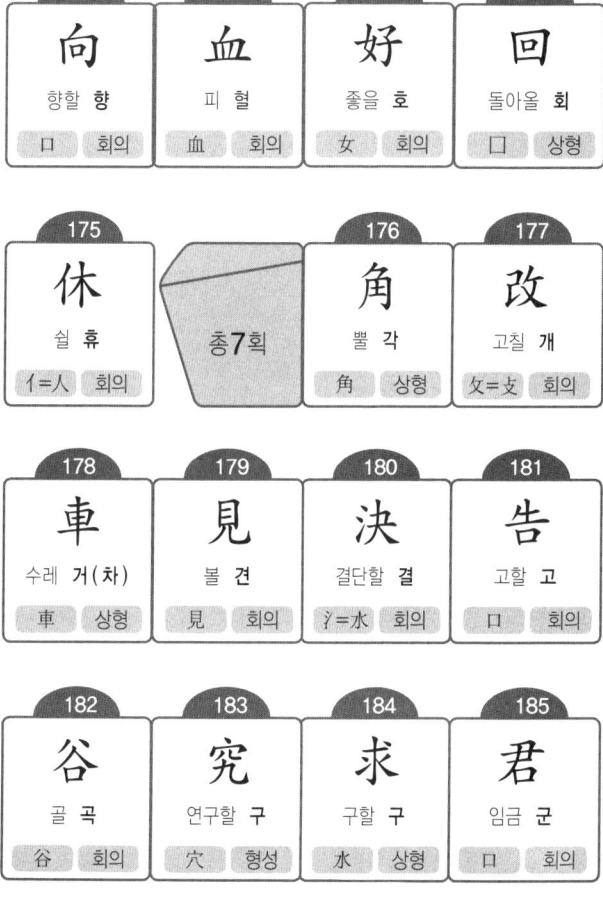

5급 한자

186	187	188	189
技	男	豆	卵

190	191	192	193
冷	良	里	利

194	195	196	197
每	防	別	兵

198	199	200	201
步	序	成	身

5급 한자

202	203	204	205
言	完	位	邑

206	207	208	209
作	材	弟	助

210	211	212	213
足	住	走	志

214	215	216	217
初	村	快	判

5급 한자

202 言 말씀 언 — 言 회의
203 完 완전할 완 — 宀 형성
204 位 자리 위 — 亻=人 회의
205 邑 고을 읍 — 邑 회의

206 作 지을 작 — 亻=人 회의
207 材 재목 재 — 木 형성
208 弟 아우 제 — 弓 회의
209 助 도울 조 — 力 형성

210 足 발 족 — 足 상형
211 住 살 주 — 亻=人 형성
212 走 달릴 주 — 走 회의
213 志 뜻 지 — 心 형성

214 初 처음 초 — 刀 회의
215 村 마을 촌 — 木 형성
216 快 쾌할 쾌 — 忄=心 형성
217 判 판단할 판 — 刂=刀 형성

5급 한자

218	219	220	221
貝	形	孝	希

총 8획

222	223	224
京	季	固

225	226	227	228
空	果	官	近

229	230	231	232
金	其	念	到

5급 한자

218	219	220	221
貝	形	孝	希
조개 패	모양 형	효도 효	바랄 희
貝 상형	彡 형성	子 회의	巾 회의

총8획

222	223	224
京	季	固
서울 경	계절 계	굳을 고
亠 상형	子 회의	口 형성

225	226	227	228
空	果	官	近
빌 공	실과 과	벼슬 관	가까울 근
穴 형성	木 상형	宀 회의	辶=辵 형성

229	230	231	232
金	其	念	到
쇠금 성김	그 기	생각 념	이를 도
金 회의	八 상형	心 형성	刂=刀 회의

문제 03 다음 한자 단어의 음을 보기에서 골라 적어 보자.

① 安全 (　　) ② 季節 (　　) ③ 報告 (　　)

④ 兵事 (　　) ⑤ 同志 (　　) ⑥ 形式 (　　)

⑦ 可決 (　　) ⑧ 君子 (　　) ⑨ 養成 (　　)

⑩ 非行 (　　) ⑪ 弟子 (　　) ⑫ 究明 (　　)

⑬ 改善 (　　) ⑭ 成功 (　　) ⑮ 長身 (　　)

답을 골라 볼까...

가결	병사	안전	제자	동지
형식	장신	비행	개선	양성
보고	군자	성공	계절	구명

※ 상공회의소 한자시험 기출 한자들입니다.

정답

한자 단어의 음과 뜻을 새기며 읽어 보자.

① **安全**(안전) 위험이 생기거나 사고가 날 염려가 없음
　　　　　　(**安** 편안 안 **全** 온전할 전)
② **季節**(계절) 1년을 날씨 따라 나눈 한 철(**季** 계절 계 **節** 마디 절)
③ **報告**(보고) 주어진 임무에 대하여 그 결과나 내용을 말이나 글로
　　　　　　알림(**報** 갚을 보/알릴 보 **告** 고할 고)
④ **兵事**(병사) 병역 따위에 관한 일(**兵** 병사 병 **事** 일 사)
⑤ **同志**(동지) 뜻이 서로 같음 또는 그런 사람
　　　　　　(**同** 한가지 동 **志** 뜻 지)
⑥ **形式**(형식) 사물이 외부로 나타나 보이는 모양
　　　　　　(**形** 모양 형 **式** 법 식)
⑦ **可決**(가결) 회의에서 제출된 의안을 합당하다고 결정함
　　　　　　(**可** 옳을 가 **決** 결단할 결)
⑧ **君子**(군자) 행실이 점잖고 어질며 덕과 학식이 높은 사람
　　　　　　(**君** 임금 군 **子** 아들 자)
⑨ **養成**(양성) 가르쳐서 유능한 사람을 길러 냄
　　　　　　(**養** 기를 양 **成** 이룰 성)
⑩ **非行**(비행) 잘못되거나 그릇된 행위(**非** 아닐 비 **行** 다닐 행)
⑪ **弟子**(제자) 스승으로부터 가르침을 받거나 받은 사람
　　　　　　(**弟** 아우 제 **子** 아들 자)
⑫ **究明**(구명) 사리를 궁리하여 밝힘(**究** 연구할 구 **明** 밝을 명)
⑬ **改善**(개선) 잘못된 것이나 나쁜 것 따위를 고쳐 더 좋게 만듦
　　　　　　(**改** 고칠 개 **善** 착할 선)
⑭ **成功**(성공) 목적하는 바를 이룸(**成** 이룰 성 **功** 공 공)
⑮ **長身**(장신) 키가 큰 몸(**長** 길 장/어른 장 **身** 몸 신)

5급 한자

233	234	235	236
東	來	兩	例
동녘 동	올 래	두 량	법식 례
木 상형	人 상형	入 회의	亻=人 형성

237	238	239	240
林	命	明	武
수풀 림	목숨 명	밝을 명	호반 무
木 회의	口 회의	日 회의	止 회의

241	242	243	244
門	物	味	放
문 문	물건 물	맛 미	놓을 방
門 상형	牛 형성	口 형성	攵=攴 형성

245	246	247	248
法	服	奉	非
법 법	옷 복	받들 봉	아닐 비
氵=水 회의	月 형성	大 회의	非 상형

249	250	251	252
事	使	尚	姓

253	254	255	256
性	所	受	始

257	258	259	260
兒	夜	易	往

261	262	263	264
雨	油	育	長

265	266	267	268
爭	的	典	店

269	270	271	272
定	卒	宗	注

273	274	275	276
宙	知	直	靑

277	278	279	280
忠	取	治	波

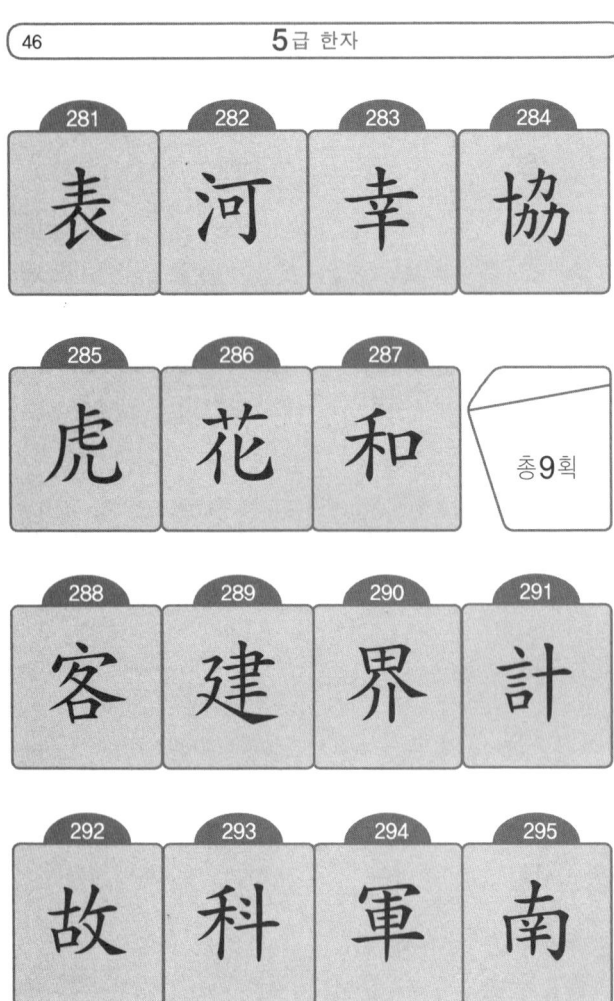

5급 한자

296 度 법도 도 / 广 형성	297 洞 골 동 / 氵=水 형성	298 律 법칙 률 / 彳 회의	299 勉 힘쓸 면 / 力 형성
300 面 낯 면 / 面 상형	301 美 아름다울 미 / 羊 회의	302 拜 절 배 / 手 회의	303 保 지킬 보 / 亻=人 회의
304 飛 날 비 / 飛 상형	305 思 생각 사 / 心 회의	306 相 서로 상 / 目 회의	307 省 살필 성, 덜 생 / 目 회의
308 星 별 성 / 日 형성	309 洗 씻을 세 / 氵=水 형성	310 俗 풍속 속 / 亻=人 형성	311 首 머리 수 / 首 상형

문제 04   다음 한자 단어의 음을 보기에서 골라 적어 보자.

① 星火 (   )   ② 思考 (   )   ③ 科目 (   )

④ 俗氣 (   )   ⑤ 勤勉 (   )   ⑥ 保守 (   )

⑦ 自律 (   )   ⑧ 武力 (   )   ⑨ 飛行 (   )

⑩ 受信 (   )   ⑪ 直線 (   )   ⑫ 除夜 (   )

⑬ 協商 (   )   ⑭ 事故 (   )   ⑮ 交易 (   )

답을 골라 볼까...

무력	자율	사고	수신	속기
직선	교역	비행	협상	보수
성화	과목	근면	사고	제야

※ 상공회의소 한자시험 기출 한자들입니다.

정답

한자 단어의 음과 뜻을 새기며 읽어 보자.

① **星火(성화)** 운성이 떨어질 때의 불빛(星 별 성 火 불 화)
② **思考(사고)** 생각함. 궁리함(思 생각 사 考 생각할 고)
③ **科目(과목)** 교과를 학문 분야별로 구분하여 갈라놓음
    (科 과목 과 目 눈 목)
④ **俗氣(속기)** 속계의 공통적인 기질(俗 풍속 속 氣 기운 기)
⑤ **勤勉(근면)** 부지런히 노력함(勤 부지런할 근 勉 힘쓸 면)
⑥ **保守(보수)** 보전하여 지킴(保 지킬 보 守 지킬 수)
⑦ **自律(자율)** 남의 구속을 받지 않고 자기 스스로의 원칙에 따라
    일을 함(自 스스로 자 律 법칙 율(률))
⑧ **武力(무력)** 군사상의 힘. 육체를 사용하여 나온 힘
    (武 호반 무 力 힘 력(역))
⑨ **飛行(비행)** 공중으로 날아가거나 날아다님
    (飛 날 비 行 다닐 행)
⑩ **受信(수신)** 전신이나 전화, 라디오, 텔레비전 방송 따위의 신호를
    받음(受 받을 수 信 믿을 신)
⑪ **直線(직선)** 꺾이거나 굽은 데가 없는 곧은 선
    (直 곧을 직, 값 치 線 줄 선)
⑫ **除夜(제야)** 한 해의 마지막날 밤. 섣달 그믐날 밤
    (除 덜 제 夜 밤 야)
⑬ **協商(협상)** 어떤 일을 서로 의논함(協 화합할 협 商 장사 상)
⑭ **事故(사고)** 뜻밖에 일어난 불행한 일(事 일 사 故 연고 고)
⑮ **交易(교역)** 물건을 사고 팔아 서로 교환함
    (交 사귈 교 易 바꿀 역, 쉬울 이)

5급 한자

312	313	314	315
是	施	食	信

316	317	318	319
室	若	約	洋

320	321	322	323
英	屋	要	勇

324	325	326	327
音	者	前	政

5급 한자

328	329	330	331
帝	重	指	秋

332	333	334	335
春	則	便	品

336	337	338	339
風	限	香	革

340	341	342	
活	皇	後	총10획

5급 한자

328 帝
임금 제
巾 · 상형

329 重
무거울 중
里 · 형성

330 指
가리킬 지
扌=手 · 형성

331 秋
가을 추
禾 · 회의

332 春
봄 춘
日 · 형성

333 則
법칙 칙
刂=刀 · 회의

334 便
편할 편
亻=人 · 회의

335 品
물건 품
口 · 회의

336 風
바람 풍
風 · 상형

337 限
한할 한
阝=阜 · 형성

338 香
향기 향
香 · 회의

339 革
가죽 혁
革 · 상형

340 活
살 활
氵=水 · 형성

341 皇
임금 황
白 · 상형

342 後
뒤 후
彳 · 회의

총 10획

343	344	345	346
家	個	高	骨

347	348	349	350
校	郡	根	記

351	352	353	354
氣	起	能	島

355	356	357	358
旅	料	流	留

5급 한자

343 家 집 가 — 宀 회의
344 個 낱 개 — 亻=人 형성
345 高 높을 고 — 高 상형
346 骨 뼈 골 — 骨 회의

347 校 학교 교 — 木 형성
348 郡 고을 군 — 阝=邑 형성
349 根 뿌리 근 — 木 형성
350 記 기록할 기 — 言 형성

351 氣 기운 기 — 气 형성
352 起 일어날 기 — 走 형성
353 能 능할 능 — 月=肉 상형
354 島 섬 도 — 山 형성

355 旅 나그네 려 — 方 회의
356 料 헤아릴 료 — 斗 회의
357 流 흐를 류 — 氵=水 회의
358 留 머무를 류 — 田 회의

5급 한자

359	360	361	362
馬	病	射	師

363	364	365	366
書	席	城	消

367	368	369	370
素	孫	送	時

371	372	373	374
神	案	弱	逆

5급 한자

359	360	361	362
馬	病	射	師
말 마	병 병	쏠 사	스승 사
馬 상형	疒 형성	寸 회의	巾 회의

363	364	365	366
書	席	城	消
글 서	자리 석	재 성	사라질 소
曰 회의	巾 상형	土 형성	氵=水 형성

367	368	369	370
素	孫	送	時
본디 소	손자 손	보낼 송	때 시
糸 회의	子 회의	辶=辵 형성	日 형성

371	372	373	374
神	案	弱	逆
귀신 신	책상 안	약할 약	거스릴 역
示 형성	木 형성	弓 상형	辶=辵 형성

5급 한자

| 375 烏 까마귀 오 ⺣=火 상형 | 376 浴 목욕할 욕 氵=水 회의 | 377 容 얼굴 용 宀 회의 | 378 原 언덕 원 厂 회의 |

| 379 恩 은혜 은 心 형성 | 380 益 더할 익 皿 회의 | 381 財 재물 재 貝 형성 | 382 展 펼 전 尸 회의 |

| 383 庭 뜰 정 广 형성 | 384 祖 할아비 조 示 형성 | 385 紙 종이 지 糸 형성 | 386 眞 참 진 目 회의 |

| 387 草 풀 초 ++=艸 형성 | 388 追 쫓을 추 辶=辵 형성 | 389 祝 빌 축 示 회의 | 390 致 이를 치 至 회의 |

문제 05 다음 한자 단어의 음을 보기에서 골라 적어 보자.

① 個別 (　　) ② 病死 (　　) ③ 首席 (　　)

④ 速記 (　　) ⑤ 內容 (　　) ⑥ 是認 (　　)

⑦ 富者 (　　) ⑧ 直流 (　　) ⑨ 仁政 (　　)

⑩ 逆次 (　　) ⑪ 施行 (　　) ⑫ 送信 (　　)

⑬ 空氣 (　　) ⑭ 醫師 (　　) ⑮ 佛家 (　　)

답을 골라 볼까...

송신	직류	시행	시인	내용
의사	공기	인정	불가	역차
부자	개별	속기	병사	수석

※ 상공회의소 한자시험 기출 한자들입니다.

정답 한자 단어의 음과 뜻을 새기며 읽어 보자.

① 個別(개별) 하나하나. 따로따로(個 낱 개 別 나눌 별/다를 별)
② 病死(병사) 병으로 인한 죽음(病 병 병 死 죽을 사)
③ 首席(수석) 맨 윗자리(首 머리 수 席 자리 석)
④ 速記(속기) 쓰는 속도가 아주 빠름(速 빠를 속 記 기록할 기)
⑤ 內容(내용) 사물의 속내를 이루는 것
  (內 안 내, 들일 납 容 얼굴 용)
⑥ 是認(시인) 어떤 내용이나 사실이 옳거나 그러하다고 인정함
  (是 옳을 시 認 알 인)
⑦ 富者(부자) 재물이 많아 살림이 넉넉한 사람
  (富 부유할 부 者 놈 자)
⑧ 直流(직류) 곧은 흐름(直 곧을 직 流 흐를 류)
⑨ 仁政(인정) 어진 정치(仁 어질 인 政 정사 정)
⑩ 逆次(역차) 거꾸로 된 순서(逆 거스릴 역 次 버금 차)
⑪ 施行(시행) 거짓이 아니고 실제로 행함
  (施 베풀 시 行 다닐 행)
⑫ 送信(송신) 전기적 수단으로 전신이나 전화, 라디오, 텔레비전 방송 따위의 신호를 보냄(送 보낼 송 信 믿을 신)
⑬ 空氣(공기) 지구를 둘러싼 대기의 하층부를 구성하는 무색, 무취의 투명한 기체(空 빌 공 氣 기운 기)
⑭ 醫師(의사) 의술과 약으로 병을 치료·진찰하는 것을 직업으로 삼는 사람(醫 의원 의 師 스승 사)
⑮ 佛家(불가) 불교를 믿는 사람. 또는 그들의 사회
  (佛 부처 불 家 집 가)

406	407	408	409
理	望	務	問

410	411	412	413
密	訪	婦	産

414	415	416	417
殺	商	船	雪

418	419	420	421
設	速	授	習

5급 한자

422
野
들 야
里 · 회의

423
魚
물고기 어
魚 · 상형

424
連
이을 연
辶=辵 · 회의

425
硏
갈 연
石 · 형성

426
移
옮길 이
禾 · 형성

427
將
장수 장
寸 · 형성

428
章
글 장
立 · 회의

429
接
이을 접
扌=手 · 형성

430
情
뜻 정
忄=心 · 형성

431
第
차례 제
竹 · 형성

432
造
지을 조
辶=辵 · 형성

433
鳥
새 조
鳥 · 상형

434
族
겨레 족
方 · 회의

435
晝
낮 주
日 · 회의

436
參
참여할 참
厶 · 회의

437
唱
부를 창
口 · 형성

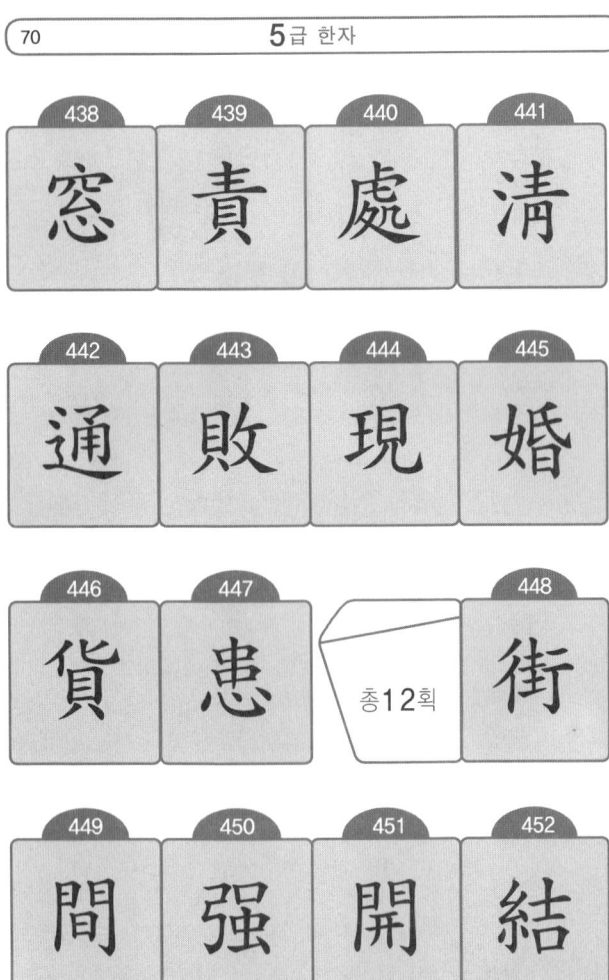

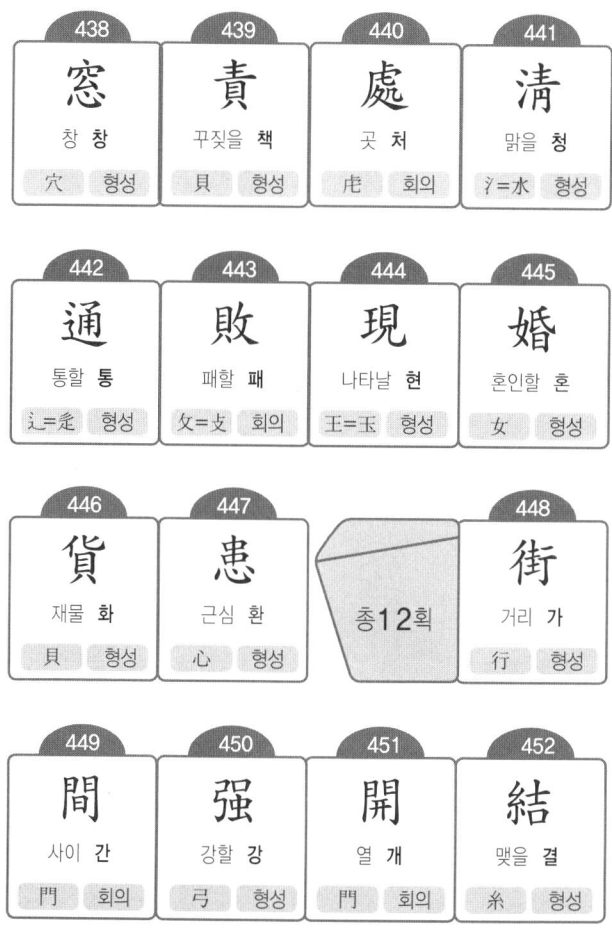

5급 한자

453	454	455	456
景	貴	期	單

457	458	459	460
短	答	都	童

461	462	463	464
等	登	量	勞

465	466	467	468
無	發	番	報

5급 한자

453 景 볕 경 — 日 형성	454 貴 귀할 귀 — 貝 형성	455 期 기약할 기 — 月 형성	456 單 홑 단 — 口 상형
457 短 짧을 단 — 矢 회의	458 答 대답 답 — 竹 형성	459 都 도읍 도 — 阝=邑 형성	460 童 아이 동 — 立 형성
461 等 무리 등 — 竹 회의	462 登 오를 등 — 癶 회의	463 量 헤아릴 량 — 里 회의	464 勞 일할 로 — 力 회의
465 無 없을 무 — 灬=火 상형	466 發 필 발 — 癶 형성	467 番 차례 번 — 田 회의	468 報 갚을 보 — 土 회의

문제 06 다음 한자 단어의 음을 보기에서 골라 적어 보자.

① 商街(   ) ② 風景(   ) ③ 希望(   )

④ 造花(   ) ⑤ 強要(   ) ⑥ 特例(   )

⑦ 人情(   ) ⑧ 非番(   ) ⑨ 接受(   )

⑩ 救命(   ) ⑪ 強手(   ) ⑫ 無事(   )

⑬ 訪問(   ) ⑭ 開放(   ) ⑮ 工期(   )

답을 골라 볼까...

구명	강요	접수	비번	공기
강수	상가	개방	방문	희망
인정	특례	조화	풍경	무사

※ 상공회의소 한자시험 기출 한자들입니다.

정답
한자 단어의 음과 뜻을 새기며 읽어 보자.

① 商街(상가) 상점들이 많이 늘어서 있는 거리
 (商 장사 상 街 거리 가)
② 風景(풍경) 경치(風 바람 풍 景 볕 경, 그림자 영)
③ 希望(희망) 앞일에 대하여 어떤 기대를 가지고 바람
 (希 바랄 희 望 바랄 망)
④ 造花(조화) 종이, 천, 비닐 따위를 재료로 하여 인공적으로 만든 꽃(造 지을 조 花 꽃 화)
⑤ 强要(강요) 억지로 또는 강제로 요구함
 (强 강할 강 要 요긴할 요)
⑥ 特例(특례) 특별한 예(特 특별할 특 例 법식 례(예))
⑦ 人情(인정) 사람이 본래 가지고 있는 감정이나 심정
 (人 사람 인 情 뜻 정)
⑧ 非番(비번) 당번을 설 차례가 아님(非 아닐 비 番 차례 번)
⑨ 接受(접수) 신청이나 신고 따위를 구두나 문서로 받음
 (接 이을 접 受 받을 수)
⑩ 救命(구명) 사람의 목숨을 구함(救 구원할 구 命 목숨 명)
⑪ 强手(강수) 무리함을 무릅쓴 강력한 방법(强 강할 강 手 손 수)
⑫ 無事(무사) 아무런 일이 없음(無 없을 무 事 일 사)
⑬ 訪問(방문) 어떤 사람이나 장소를 찾아가서 만나거나 봄
 (訪 찾을 방 問 물을 문)
⑭ 開放(개방) 문이나 공간 따위를 열어 자유롭게 드나들고 이용하게 함(開 열 개 放 놓을 방)
⑮ 工期(공기) 공사하는 기간(工 장인 공 期 기약할 기)

5급 한자

469	470	471	472
復	富	備	善

473	474	475	476
順	勝	視	植

477	478	479	480
陽	然	雲	雄

481	482	483	484
爲	場	貯	絶

5급 한자

469 復 회복할 복 / 다시 부 — 彳 형성

470 富 부자 부 — 宀 형성

471 備 갖출 비 — 亻=人 회의

472 善 착할 선 — 口 회의

473 順 순할 순 — 頁 회의

474 勝 이길 승 — 力 형성

475 視 볼 시 — 見 형성

476 植 심을 식 — 木 형성

477 陽 볕 양 — 阝=阜 형성

478 然 그럴 연 — 灬=火 형성

479 雲 구름 운 — 雨 상형

480 雄 수컷 웅 — 隹 형성

481 爲 할 위 — 爫=爪 상형

482 場 마당 장 — 土 형성

483 貯 쌓을 저 — 貝 형성

484 絶 끊을 절 — 糸 회의

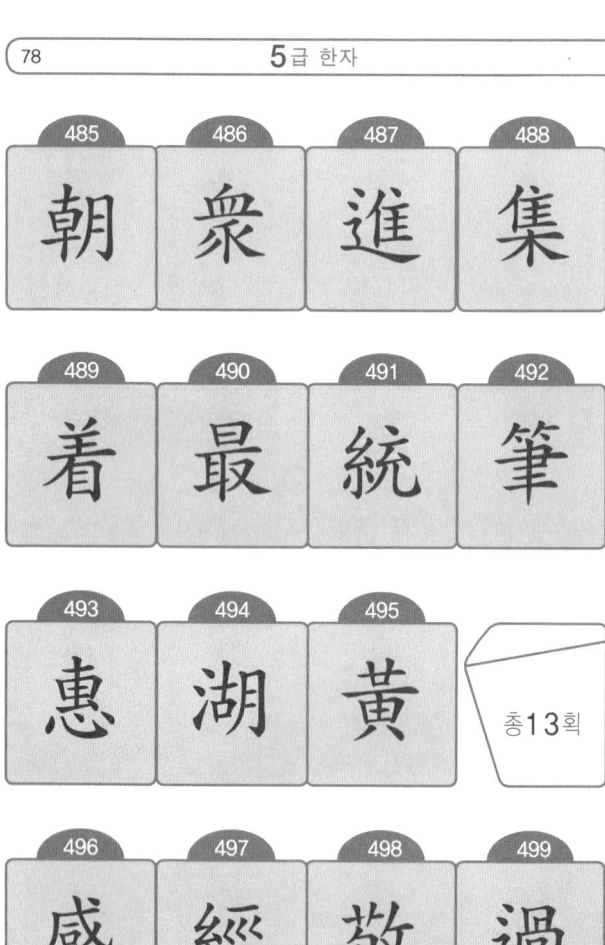

5급 한자

500	501	502	503
勤	禁	農	達

504	505	506	507
道	落	路	萬

508	509	510	511
想	勢	歲	詩

512	513	514	515
新	愛	業	溫

5급 한자

500 勤	501 禁	502 農	503 達
부지런할 근	금할 금	농사 농	통달할 달
力　형성	示　형성	辰　회의	辶=辵　회의

504 道	505 落	506 路	507 萬
길 도	떨어질 락	길 로	일만 만
辶=辵　회의	++=艸　형성	足　형성	++=艸　상형

508 想	509 勢	510 歲	511 詩
생각 상	형세 세	해 세	시 시
心　형성	力　형성	止　회의	言　형성

512 新	513 愛	514 業	515 溫
새 신	사랑 애	업 업	따뜻할 온
斤　형성	心　형성	木　상형	氵=水　형성

5급 한자

516	517	518	519
運	園	飮	義

520	521	522	523
意	電	傳	罪

524	525	526	527
豊	解	鄕	號

528	529	530
話	畫	會

총 14획

5급 한자

| 531 歌 노래 가 — 欠 형성 | 532 對 대할 대 — 寸 회의 | 533 圖 그림 도 — 囗 회의 | 534 滿 찰 만 — 氵=水 형성 |

| 535 舞 춤출 무 — 舛 상형 | 536 聞 들을 문 — 耳 회의 | 537 福 복 복 — 示 형성 | 538 算 셈 산 — 竹 회의 |

| 539 說 말씀 설 — 言 형성 | 540 誠 정성 성 — 言 형성 | 541 實 열매 실 — 宀 회의 | 542 語 말씀 어 — 言 형성 |

| 543 漁 고기잡을 어 — 氵=水 형성 | 544 榮 영화 영 — 木 상형 | 545 遠 멀 원 — 辶=辵 형성 | 546 銀 은 은 — 金 형성 |

문제 07
다음 한자 단어의 음을 보기에서 골라 적어 보자.

① 感動( ) ② 公衆( ) ③ 公園( )

④ 湖水( ) ⑤ 詩人( ) ⑥ 道路( )

⑦ 爲主( ) ⑧ 絶望( ) ⑨ 進步( )

⑩ 口語( ) ⑪ 清算( ) ⑫ 圖書( )

⑬ 米飲( ) ⑭ 電子( ) ⑮ 號數( )

답을 골라 볼까...

청산	진보	호수	위주	전자
공원	호수	감동	미음	구어
도로	절망	시인	공중	도서

※ 상공회의소 한자시험 기출 한자들입니다.

정답 한자 단어의 음과 뜻을 새기며 읽어 보자.

① **感動**(감동) 느끼어 마음이 움직임(感 느낄 감 動 움직일 동)
② **公衆**(공중) 사회 대부분의 사람들(公 공평할 공 衆 무리 중)
③ **公園**(공원) 누구든지 쉬고 놀고 거닐 수 있도록 마련해 놓은 큰 정원(公 공평할 공 園 동산 원)
④ **湖水**(호수) 땅이 우묵하게 들어가 물이 괴어 있는 곳 (湖 호수 호 水 물 수)
⑤ **詩人**(시인) 시를 전문적으로 짓는 사람(詩 시 시 人 사람 인)
⑥ **道路**(도로) 사람, 차 따위가 잘 다닐 수 있도록 만들어 놓은 비교적 넓은 길(道 길 도 路 길 로(노))
⑦ **爲主**(위주) 으뜸으로 삼음(爲 하 위/할 위 主 임금 주/주인 주)
⑧ **絶望**(절망) 바라볼 것이 없게 되어 모든 희망을 끊어 버림 (絶 끊을 절 望 바랄 망)
⑨ **進步**(진보) 정도나 수준이 나아지거나 높아짐 (進 나아갈 진 步 걸음 보)
⑩ **口語**(구어) 문장에서만 쓰는 말이 아닌, 일상적인 대화에서 쓰는 말(口 입 구 語 말씀 어)
⑪ **淸算**(청산) 서로 간에 채무, 채권 관계를 셈하여 깨끗이 해결함 (淸 맑을 청 算 셈 산)
⑫ **圖書**(도서) 책(圖 그림 도 書 글 서)
⑬ **米飮**(미음) 쌀을 묽게 끓인 죽(米 쌀 미 飮 마실 음)
⑭ **電子**(전자) 음전하를 가지고 원자핵의 주위를 도는 소립자의 하나(電 번개 전 子 아들 자)
⑮ **號數**(호수) 차례로 매겨진 번호의 수효(號 이름 호 數 셈 수)

5급 한자

547	548	549	550
精	製	種	察

551		552	553
漢	총15획	價	慶

554	555	556	557
課	廣	談	德

558	559	560	561
樂	論	賣	賞

5급 한자

번호	한자	훈음	부수	구성
547	精	정할 정	米	형성
548	製	지을 제	衣	형성
549	種	씨 종	禾	형성
550	察	살필 찰	宀	회의
551	漢	한수 한	氵=水	형성
	총15획			
552	價	값 가	亻=人	형성
553	慶	경사 경	心	상형
554	課	공부할 과	言	형성
555	廣	넓을 광	广	형성
556	談	말씀 담	言	형성
557	德	큰 덕	彳	형성
558	樂	즐길 락	木	상형
559	論	논할 론	言	형성
560	賣	팔 매	貝	회의
561	賞	상줄 상	貝	형성

5급 한자

562	563	564	565
線	數	養	熱

566	567	568	569
節	調	增	質

570		571	572
齒	총16획	獨	頭

573	574	575	576
歷	選	遺	戰

5급 한자

562 線 줄 선 — 糸 형성
563 數 셈 수 — 攵=攴 형성
564 養 기를 양 — 食 회의
565 熱 더울 열 — 灬=火 상형

566 節 마디 절 — 竹 형성
567 調 고를 조 — 言 형성
568 增 더할 증 — 土 형성
569 質 바탕 질 — 貝 회의

570 齒 이 치 — 齒 상형
총16획
571 獨 홀로 독 — 犭=犬 형성
572 頭 머리 두 — 頁 형성

573 歷 지날 력 — 止 형성
574 選 가릴 선 — 辶=辵 형성
575 遺 남길 유 — 辶=辵 형성
576 戰 싸움 전 — 戈 회의

5급 한자

577	578	579	
親	學	興	총17획

580	581	582	583
鮮	聲	應	韓

	584	585	586
총18획	擧	禮	醫

587	588		589
題	蟲	총19획	難

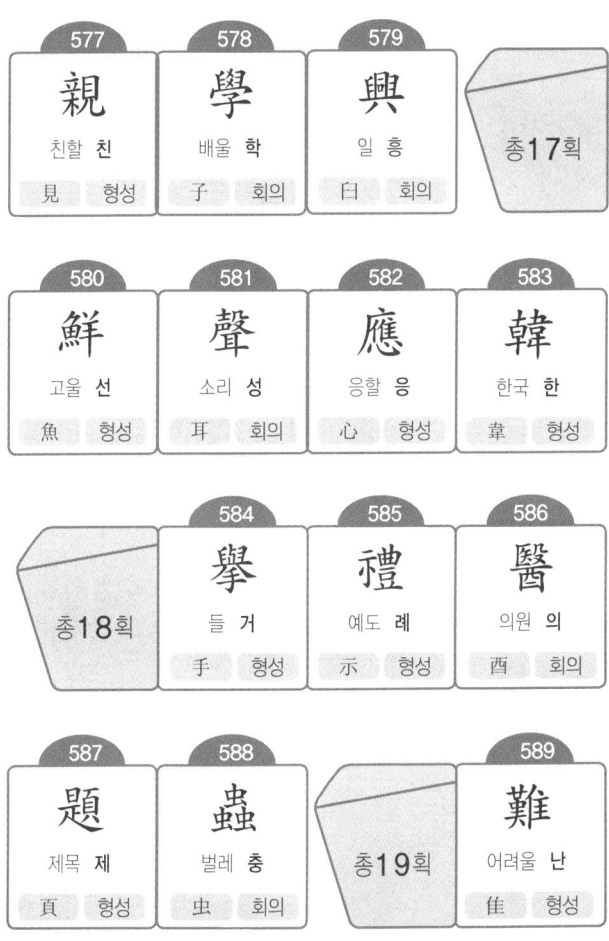

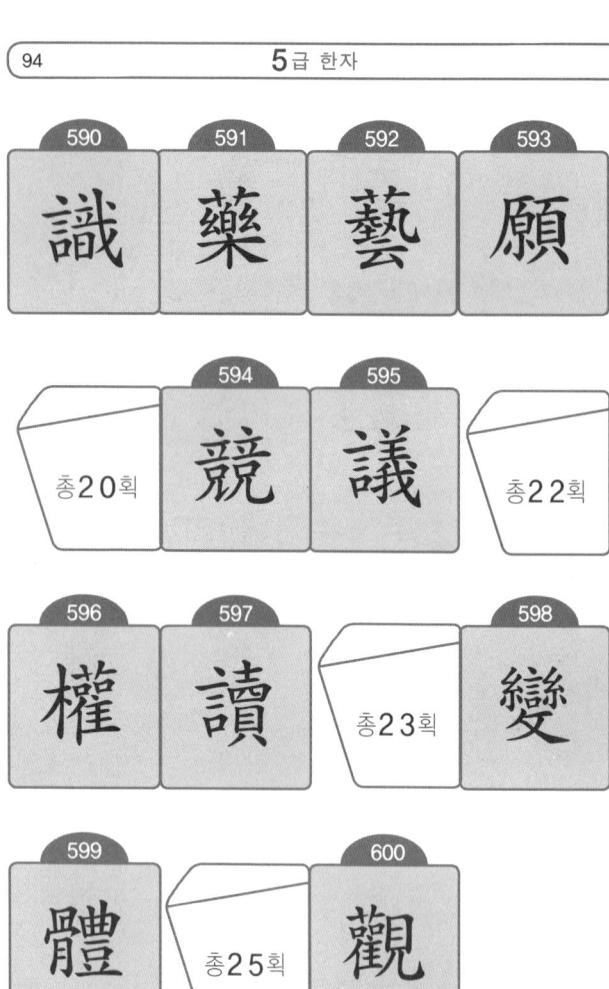

5급 한자

95

590	591	592	593
識	藥	藝	願
알 식	약 약	재주 예	원할 원
言 형성	++=艸 형성	++=艸 형성	頁 형성

총20획	594 竸 다툴 경 立 회의	595 議 의논할 의 言 형성	총22획

596 權 권세 권 木 형성	597 讀 읽을 독 言 형성	총23획	598 變 변할 변 言 형성

599 體 몸 체 骨 형성	총25획	600 觀 볼 관 見 형성

문제 08 다음 한자 단어의 음을 보기에서 골라 적어 보자.

① 物價 (　　) ② 質問 (　　) ③ 觀光 (　　)

④ 受賞 (　　) ⑤ 商議 (　　) ⑥ 調和 (　　)

⑦ 義擧 (　　) ⑧ 獨島 (　　) ⑨ 競走 (　　)

⑩ 變更 (　　) ⑪ 論說 (　　) ⑫ 治熱 (　　)

⑬ 讀圖 (　　) ⑭ 養育 (　　) ⑮ 道德 (　　)

답을 골라 볼까...

논설	치열	수상	변경	독도
관광	양육	경주	상의	조화
의거	독도	도덕	물가	질문

※ 상공회의소 한자시험 기출 한자들입니다.

> **정답** 한자 단어의 음과 뜻을 새기며 읽어 보자.

① 物價(물가) 물건의 값(物 물건 물 價 값 가)
② 質問(질문) 모르거나 의심나는 점을 물음
 (質 바탕 질 問 물을 문)
③ 觀光(관광) 다른 고장의 경치, 풍습 등을 구경함
 (觀 볼 관 光 빛 광)
④ 受賞(수상) 상을 받음(受 받을 수 賞 상줄 상)
⑤ 商議(상의) 어떤 일을 서로 의논함(商 장사 상 議 의논할 의)
⑥ 調和(조화) 서로 잘 어울림(調 고를 조 和 화할 화)
⑦ 義擧(의거) 정의를 위하여 개인이나 집단이 의로운 일을 도모함
 (義 옳을 의 擧 들 거)
⑧ 獨島(독도) 경상북도 울릉군에 속하는 화산섬
 (獨 홀로 독 島 섬 도)
⑨ 競走(경주) 사람, 동물, 차량 따위가 일정한 거리를 달려 빠르기
 를 겨루는 일(競 다툴 경 走 달릴 주)
⑩ 變更(변경) 다르게 바꾸어 새롭게 고침
 (變 변할 변 更 고칠 경, 다시 갱)
⑪ 論說(논설) 어떤 주제에 관하여 자기의 의견이나 주장을 조리있게
 설명함(論 논할 논(론) 說 말씀 설)
⑫ 治熱(치열) 병의 근원인 열기를 다스림(治 다스릴 치 熱 더울 열)
⑬ 讀圖(독도) 지도나 도면을 보고 그 내용을 알아봄
 (讀 읽을 독 圖 그림 도)
⑭ 養育(양육) 아이를 보살펴서 자라게 함(養 기를 양 育 기를 육)
⑮ 道德(도덕) 사람으로서 마땅히 지켜야 할 도리
 (道 길 도 德 큰 덕/덕 덕)

읽어보는 5급 사자성어

百年河淸(백년하청) 시간이 가도 해결의 기미가 없음
(百 일백 백 年 해 년 河 물 하 淸 맑을 청)

白面書生(백면서생) 오직 글만 읽고 세상사에 경험이 없는 사람
(白 흰 백 面 낯 면 書 글 서 生 날 생)

殺身成仁(살신성인) 자기의 몸을 희생하여 인(仁)을 이룸
(殺 죽일 살 身 몸 신 成 이룰 성 仁 어질 인)

進退兩難(진퇴양난) 이러지도 저러지도 못하는 어려운 처지
(進 나아갈 진 退 물러날 퇴 兩 두 양(량) 難 어려울 난)

忠孝兩全(충효양전) 충성과 효도를 모두 갖추고 있음
(忠 충성 충 孝 효도 효 兩 두 양(량) 全 온전할 전)

溫故知新(온고지신) 옛것을 익히고 그것을 미루어서 새것을 깨달음
(溫 따뜻할 온 故 연고 고 知 알 지 新 새 신)

好衣好食(호의호식) 좋은 옷을 입고 좋은 음식을 먹음
(好 좋을 호 衣 옷 의 好 좋을 호 食 먹을 식)

自手成家(자수성가) 물려받은 재산이 없이 자기 혼자의 힘으로 집안을 일으키고 재산을 모음
(自 스스로 자 手 손 수 成 이룰 성 家 집 가)

有備無患(유비무환) 미리 준비가 되어 있으면 걱정할 것이 없음
(有 있을 유 備 갖출 비 無 없을 무 患 근심 환)

空前絶後(공전절후) 이전에도 이후에도 없을 만큼 뛰어남
(空 빌 공 前 앞 전 絶 끊을 절 後 뒤 후)

암기노트 4급 한자

300자!!

4급 한자

4급 한자

69	70	71	72	73
余	吾	酉	吟	矣
나 여	나 오	닭 유	읊을 음	어조사 의

74	75	76	77	78
忍	壯	低	赤	坐
참을 인	장할 장	낮을 저	붉을 적	앉을 좌

79	80	81	82	
辰	吹	投	何	총 8획
별 진 / 때 신	불 취	던질 투	어찌 하	

83	84	85	86	87
佳	居	庚	坤	卷
아름다울 가	살 거	별 경	따(땅) 곤	책 권

88	89	90	91	92
妹	房	杯	朋	舍
누이 매	방 방	잔 배	벗 붕	집 사

문제 01 다음 한자 단어의 음을 보기에서 골라 적어 보자.

① 否決 ( ) ② 降伏 ( ) ③ 他國 ( )

④ 公布 ( ) ⑤ 平凡 ( ) ⑥ 非凡 ( )

⑦ 刑期 ( ) ⑧ 印章 ( ) ⑨ 申告 ( )

⑩ 言及 ( ) ⑪ 朋友 ( ) ⑫ 赤道 ( )

⑬ 坐視 ( ) ⑭ 幼弱 ( ) ⑮ 扶養 ( )

답을 골라 볼까...

인장	붕우	부양	부결	적도
항복	공포	신고	타국	비범
형기	좌시	유약	언급	평범

※ 상공회의소 한자시험 기출 한자들입니다.

정답
한자 단어의 음과 뜻을 새기며 읽어 보자.

① **否決**(부결) 의논한 안건을 받아들이지 아니하기로 결정함
 (否 아닐 부 決 결단할 결)
② **降伏**(항복) 적이나 상대편의 힘에 눌리어 굴복함
 (降 항복할 항, 내릴 강 伏 엎드릴 복)
③ **他國**(타국) 자기 나라가 아닌 남의 나라
 (他 다를 타 國 나라 국)
④ **公布**(공포) 일반 국민에게 널리 알림(公 공평할 공 布 펼 포)
⑤ **平凡**(평범) 뛰어나거나 색다른 점이 없이 보통임
 (平 평평할 평 凡 무릇 범)
⑥ **非凡**(비범) 보통 수준보다 훨씬 뛰어남(非 아닐 비 凡 무릇 범)
⑦ **刑期**(형기) 형벌의 집행 기간(刑 형벌 형 期 기약할 기)
⑧ **印章**(인장) 도장(印 도장 인 章 글 장)
⑨ **申告**(신고) 사람에게 어떤 사실을 알리는 일
 (申 거듭 신/펼 신 告 알릴 고)
⑩ **言及**(언급) 어떤 문제에 대하여 말함(言 말씀 언 及 미칠 급)
⑪ **朋友**(붕우) 벗(朋 벗 붕 友 벗 우)
⑫ **赤道**(적도) 지구의 남북 양극으로부터 같은 거리에 있는 지구 표면에서의 점을 이은 선(赤 붉을 적 道 길 도)
⑬ **坐視**(좌시) 참견하지 아니하고 앉아서 보기만 함
 (坐 앉을 좌 視 볼 시)
⑭ **幼弱**(유약) 어리고 약함(幼 어릴 유 弱 약할 약)
⑮ **扶養**(부양) 생활 능력이 없는 사람의 생활을 돌봄
 (扶 도울 부 養 기를 양)

4급 한자

번호	한자	훈음
93	昔	예 석
94	松	소나무 송
95	叔	아재비 숙
96	承	이을 승
97	於	어조사 어
98	炎	불꽃 염
99	迎	맞을 영
100	臥	누울 와
101	泣	울 읍
102	依	의지할 의
103	姉	손윗누이 자
104	枝	가지 지
105	昌	창성할 창
106	妻	아내 처
107	招	부를 초
108	抱	안을 포
109	彼	저 피
110	呼	부를 호
111	或	혹 혹

총 9획

번호	한자	훈음
112	看	볼 간
113	降	내릴 강
114	皆	다 개
115	癸	북방 계
116	苦	쓸 고

4급 한자

117 急 급할 급	118 怒 성낼 노	119 待 기다릴 대	120 柳 버들 류	121 茂 무성할 무
122 拾 주울 습/열 십	123 甚 심할 심	124 哀 슬플 애	125 怨 원망할 원	126 威 위엄 위
127 柔 부드러울 유	128 昨 어제 작	129 哉 어조사 재	130 貞 곧을 정	131 卽 곧 즉
132 持 가질 지	133 泉 샘 천	134 恨 한 한	135 恒 항상 항	136 紅 붉을 홍
137 厚 두터울 후	총10획	138 耕 밭갈 경	139 徒 무리 도	140 浪 물결 랑

4급 한자

번호	한자	훈음
141	郞	사내 랑(낭)
142	烈	매울 렬
143	倫	인륜 륜
144	眠	잘 면
145	浮	뜰 부
146	笑	웃음 소
147	修	닦을 수
148	純	순수할 순
149	乘	탈 승
150	悅	기쁠 열
151	悟	깨달을 오
152	栽	심을 재
153	除	덜 제
154	酒	술 주
155	借	빌 차
156	針	바늘 침
157	泰	클 태
158	破	깨뜨릴 파
159	胸	가슴 흉

총 11획

번호	한자	훈음
160	假	거짓 가
161	脚	다리 각
162	乾	하늘 건
163	堅	굳을 견
164	旣	이미 기

4급 한자

번호	한자	훈음
165	涼	서늘할 량
166	莫	없을 막
167	晚	늦을 만
168	麥	보리 맥
169	逢	만날 봉
170	部	떼 부
171	貧	가난할 빈
172	常	떳떳할 상
173	惜	아낄 석
174	細	가늘 세
175	淑	맑을 숙
176	宿	잘 숙
177	崇	높을 숭
178	深	깊을 심
179	眼	눈 안
180	欲	하고자할 욕
181	偉	클 위
182	唯	오직 유
183	陰	그늘 음
184	異	다를 이
185	寅	범 인
186	頂	정수리 정
187	停	머무를 정
188	淨	깨끗할 정
189	祭	제사 제

문제 02 다음 한자 단어의 음을 보기에서 골라 적어 보자.

① 妻兄( ) ② 傳承( ) ③ 乾性( )

④ 怨恨( ) ⑤ 急落( ) ⑥ 假名( )

⑦ 昨今( ) ⑧ 下降( ) ⑨ 單純( )

⑩ 貧農( ) ⑪ 深度( ) ⑫ 眼目( )

⑬ 談笑( ) ⑭ 乘車( ) ⑮ 貞淑( )

답을 골라 볼까...

가명	단순	심도	건성	정숙
승차	처형	전승	하강	빈농
작금	담소	급락	원한	안목

※ 상공회의소 한자시험 기출 한자들입니다.

정답

한자 단어의 음과 뜻을 새기며 읽어 보자.

① 妻兄(처형) 아내의 언니(妻 아내 처 兄 형 형)
② 傳承(전승) 문화, 풍속, 제도 따위를 이어받아 계승함
   (傳 전할 전 承 이을 승)
③ 乾性(건성) 공기 중에서 쉽게 마르는 성질
   (乾 마를 건 性 성품 성)
④ 怨恨(원한) 억울하고 원통한 일을 당하여 한이 되는 마음
   (怨 원망할 원 恨 한 한)
⑤ 急落(급락) 물가나 시세 따위가 갑자기 떨어짐
   (急 급할 급 落 떨어질 락(낙))
⑥ 假名(가명) 실제의 자기 이름이 아닌 이름
   (假 거짓 가 名 이름 명)
⑦ 昨今(작금) 어제와 오늘. 요즈음(昨 어제 작 今 이제 금)
⑧ 下降(하강) 높은 곳에서 아래로 향하여 내려옴
   (下 아래 하 降 내릴 강)
⑨ 單純(단순) 복잡하지 않고 간단함(單 홑 단 純 순수할 순)
⑩ 貧農(빈농) 가난한 농가나 농민(貧 가난할 빈 農 농사 농)
⑪ 深度(심도) 깊은 정도(深 깊을 심 度 법도 도)
⑫ 眼目(안목) 사물을 보고 분별하는 견식
   (眼 눈 안 目 눈 목)
⑬ 談笑(담소) 웃고 즐기면서 이야기함(談 말씀 담 笑 웃음 소)
⑭ 乘車(승차) 차를 탐(乘 탈 승 車 수레 차, 수레 거)
⑮ 貞淑(정숙) 여자로서 행실이 곧고 마음씨가 맑고 고움
   (貞 곧을 정 淑 맑을 숙)

4급 한자

No.	한자	훈음
190	從	좇을 종
191	終	마칠 종
192	執	잡을 집
193	採	캘 채
194	淺	얕을 천
195	推	밀 추(퇴)
196	脫	벗을 탈
197	探	찾을 탐
198	閉	닫을 폐
199	許	허락할 허
200	混	섞을 혼

총 12획

No.	한자	훈음
201	渴	목마를 갈
202	敢	감히 감
203	減	덜 감
204	給	줄 급
205	幾	몇 기
206	買	살 매
207	悲	슬플 비
208	絲	실 사
209	散	흩을 산
210	喪	잃을 상
211	盛	성할 성
212	稅	세금 세
213	須	모름지기 수

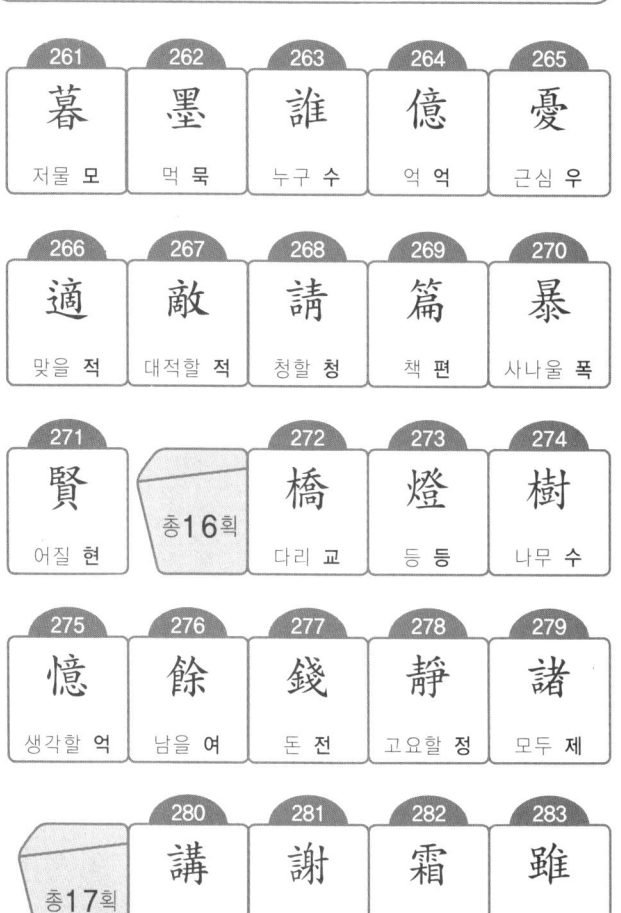

4급 한자

번호	한자	훈음
		총18획
284	舊	예 구
285	歸	돌아갈 귀
286	顔	낯 안
		총19획
287	關	관계할 관
288	證	증거 증
		총20획
289	勸	권할 권
290	露	이슬 로
291	嚴	엄할 엄
292	鐘	쇠북 종
		총21획
293	鷄	닭 계
294	續	이을 속
295	鐵	쇠 철
		총22획
296	聽	들을 청
297	歡	기쁠 환
		총23획
298	驚	놀랄 경
299	巖	바위 암
		총24획
300	讓	사양할 양

문제 03 다음 한자 단어의 음을 보기에서 골라 적어 보자.

① 執筆 (　　) ② 暖流 (　　) ③ 當番 (　　)

④ 守舊 (　　) ⑤ 打鐘 (　　) ⑥ 遊說 (　　)

⑦ 感謝 (　　) ⑧ 歡迎 (　　) ⑨ 憂愁 (　　)

⑩ 許可 (　　) ⑪ 散在 (　　) ⑫ 講義 (　　)

⑬ 敵手 (　　) ⑭ 鄕愁 (　　) ⑮ 讓步 (　　)

답을 골라 볼까...

감사	적수	향수	유세	집필
산재	환영	우수	강의	허가
당번	난류	양보	타종	수구

※ 상공회의소 한자시험 기출 한자들입니다.

정답
한자 단어의 음과 뜻을 새기며 읽어 보자.

① 執筆(집필) 직접 글을 씀(執 잡을 집 筆 붓 필)
② 暖流(난류) 적도 부근의 저위도 지역에서 고위도 지역으로 흐르는 따뜻한 해류(暖 따뜻할 난 流 흐를 류(유))
③ 當番(당번) 어떤 일을 책임지고 돌보는 차례가 됨
(當 마땅 당 番 차례 번)
④ 守舊(수구) 옛 제도나 풍습을 그대로 지키고 따름
(守 지킬 수 舊 예 구/옛 구)
⑤ 打鐘(타종) 종을 치거나 때림(打 칠 타 鐘 쇠북 종)
⑥ 遊說(유세) 자기 의견 또는 자기 소속 정당의 주장을 선전하며 돌아다님(遊 놀 유 說 달랠 세, 말씀 설)
⑦ 感謝(감사) 고마움을 나타내는 인사(感 느낄 감 謝 사례할 사)
⑧ 歡迎(환영) 오는 사람을 기쁜 마음으로 반갑게 맞음
(歡 기쁠 환 迎 맞을 영)
⑨ 憂愁(우수) 근심과 걱정(憂 근심 우 愁 근심 수)
⑩ 許可(허가) 행동이나 일을 하도록 허용함
(許 허락할 허 可 옳을 가)
⑪ 散在(산재) 여기저기 흩어져 있음(散 흩을 산 在 있을 재)
⑫ 講義(강의) 학문이나 기술의 일정한 내용을 체계적으로 설명하여 가르침(講 외울 강 義 옳을 의)
⑬ 敵手(적수) 재주나 힘이 서로 비슷해서 상대가 되는 사람
(敵 대적할 적 手 손 수)
⑭ 鄕愁(향수) 고향을 그리워하는 마음(鄕 시골 향 愁 근심 수)
⑮ 讓步(양보) 남을 위하여 자신의 이익을 희생함
(讓 사양할 양 步 걸음 보)

읽어보는 4급 사자성어

我田引水(아전인수) 자기 논에 물대기. 자기에게만 이롭게 함
(**我** 나 아 **田** 밭 전 **引** 끌 인 **水** 물 수)

寸鐵殺人(촌철살인) 간단한 말로 핵심을 찔러 감동시킴
(**寸** 마디 촌 **鐵** 쇠 철 **殺** 죽일 살 **人** 사람 인)

追遠報本(추원보본) 조상의 덕을 생각하여 제사에 정성을 다하고 자기가 태어난 근본을 잊지 않고 은혜를 갚음
(**追** 쫓을 추 **遠** 멀 원 **報** 갚을 보 **本** 근본 본)

苦盡甘來(고진감래) 쓴 것이 다하면 단 것이 온다. 고생 끝에 즐거움이 옴(**苦** 쓸 고 **盡** 다할 진 **甘** 달 감 **來** 올 래)

過猶不及(과유불급) 정도를 지나침은 미치지 못함과 같다. 중용(中庸)이 중요함
(**過** 지날 과 **猶** 오히려 유 **不** 아닐 불 **及** 미칠 급)

近墨者黑(근묵자흑) 먹을 가까이 하면 검게 된다. 좋지 못한 사람과 가까이 하면 악에 물들게 됨
(**近** 가까울 근 **墨** 먹 묵 **者** 놈 자 **黑** 검을 흑)

明若觀火(명약관화) 불을 보듯 분명하고 뻔함
(**明** 밝을 명 **若** 같을 약 **觀** 볼 관 **火** 불 화)

三餘之功(삼여지공) 독서 하기에 가장 좋은 겨울밤을 일컬음
(**三** 석 삼 **餘** 남을 여 **之** 갈 지 **功** 공 공)

水魚之交(수어지교) 물고기와 물의 관계처럼 떨어질 수 없는 친분
(**水** 물 수 **魚** 물고기 어 **之** 갈 지 **交** 사귈 교)

破竹之勢(파죽지세) 대를 쪼개는 기세. 적을 거침없이 물리치는 기세
(**破** 깨뜨릴 파 **竹** 대 죽 **之** 갈 지 **勢** 형세 세)

암기노트 3급 한자

900자!!

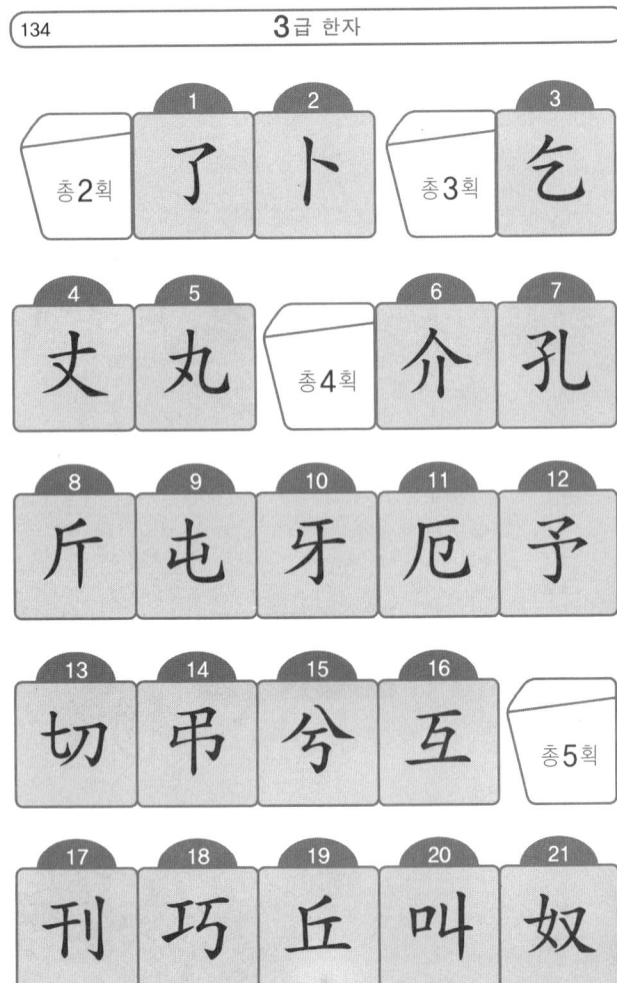

3급 한자

번호	한자	훈음
22	旦	아침 단
23	犯	범할 범
24	付	부칠 부
25	司	맡을 사
26	召	부를 소
27	囚	가둘 수
28	矢	화살 시
29	央	가운데 앙
30	占	점령할 점
31	斥	물리칠 척
32	包	쌀 포
33	玄	검을 현
34	穴	구멍 혈
35	弘	클 홍
36	禾	벼 화

총 6획

번호	한자	훈음
37	件	물건 건
38	企	꾀할 기
39	劣	못할 렬
40	吏	관리 리
41	妄	망령될 망
42	妃	왕비 비
43	旬	열흘 순
44	汚	더러울 오
45	羽	깃 우

3급 한자

| 46 夷 오랑캐 이 | 47 任 맡길 임 | 48 舟 배 주 | 49 州 고을 주 | 50 仲 버금 중 |

| 51 池 못 지 | 52 尖 뾰족할 첨 | 53 托 맡길 탁 | 54 吐 토할 토 | 55 汗 땀 한 |

총 7획

| 56 却 물리칠 각 | 57 肝 간 간 | 58 系 이어맬 계 | 59 戒 경계할 계 |

| 60 攻 칠 공 | 61 狂 미칠 광 | 62 局 판 국 | 63 克 이길 극 | 64 忌 꺼릴 기 |

| 65 那 어찌 나 | 66 努 힘쓸 노 | 67 弄 희롱할 롱 | 68 沒 빠질 몰 | 69 伴 짝 반 |

3급 한자

번호	한자	훈음
70	邦	나라 방
71	妨	방해할 방
72	伯	맏 백
73	批	비평할 비
74	似	닮을 사
75	沙	모래 사
76	邪	간사할 사
77	床	상 상
78	束	묶을 속
79	巡	돌 순
80	伸	펼 신
81	抑	누를 억
82	役	부릴 역
83	延	늘일 연
84	災	재앙 재
85	折	꺾을 절
86	廷	조정 정
87	佐	도울 좌
88	抄	뽑을 초
89	肖	닮을 초
90	沈	잠길 침 / 성 심
91	妥	온당할 타
92	把	잡을 파
93	旱	가물 한
94	含	머금을 함

3급 한자

95	96	97		98
抗	亨	吸	총8획	刻
겨룰 항	형통할 형	마실 흡		새길 각

99	100	101	102	103
拒	肩	姑	孤	供
막을 거	어깨 견	시어미 고	외로울 고	이바지할 공

104	105	106	107	108
怪	狗	具	拘	屈
괴이할 괴	개 구	갖출 구	잡을 구	굽힐 굴

109	110	111	112	113
券	糾	肯	奇	奈
문서 권	얽힐 규	즐길 긍	기특할 기	어찌 내(나)

114	115	116	117	118
泥	罔	孟	盲	牧
진흙 니	없을 망	맏 맹	소경 맹	칠 목

문제 01 다음 한자 단어의 음을 보기에서 골라 적어 보자.

① 妄動( ) ② 拒否( ) ③ 却下( )

④ 供給( ) ⑤ 折枝( ) ⑥ 拘禁( )

⑦ 克服( ) ⑧ 忌避( ) ⑨ 妨害( )

⑩ 邪敎( ) ⑪ 巡察( ) ⑫ 兵役( )

⑬ 毛孔( ) ⑭ 抵抗( ) ⑮ 冊床( )

답을 골라 볼까...

책상	모공	병역	공급	절지
극복	구금	방해	기피	사교
순찰	거부	각하	망동	저항

※ 상공회의소 한자시험 기출 한자들입니다.

정답
한자 단어의 음과 뜻을 새기며 읽어 보자.

① **妄動(망동)** 분별없이 망령되이 행동함(妄 망령될 망 動 움직일 동)
② **拒否(거부)** 요구나 제의 따위를 받아들이지 않고 물리침
　　　　　　　(拒 막을 거 否 아닐 부)
③ **却下(각하)** 행정법에서, 국가 기관에 대한 행정상 신청을 배척하
　　　　　　　는 처분(却 물리칠 각 下 아래 하)
④ **供給(공급)** 요구나 필요에 따라 물품 따위를 제공함
　　　　　　　(供 이바지할 공 給 줄 급)
⑤ **折枝(절지)** 나뭇가지를 꺾음(折 꺾을 절 枝 가지 지)
⑥ **拘禁(구금)** 피고인 또는 피의자를 구치소나 교도소에 가두어 구
　　　　　　　속하는 강제 처분(拘 잡을 구 禁 금할 금)
⑦ **克服(극복)** 악조건이나 고생을 이겨 냄(克 이길 극 服 옷 복)
⑧ **忌避(기피)** 꺼리거나 싫어하여 피함(忌 꺼릴 기 避 피할 피)
⑨ **妨害(방해)** 남의 일을 간섭하고 막아 해를 끼침
　　　　　　　(妨 방해할 방 害 해할 해)
⑩ **邪敎(사교)** 건전하지 못하고 요사스러운 종교
　　　　　　　(邪 간사할 사 敎 가르칠 교)
⑪ **巡察(순찰)** 여러 곳을 돌아다니며 사정을 살핌(巡 돌 순 察 살필 찰)
⑫ **兵役(병역)** 국민의 의무로서 일정한 기간 군에 종사하는 일
　　　　　　　(兵 병사 병 役 부릴 역)
⑬ **毛孔(모공)** 털이 나는 작은 구멍. 털구멍(毛 터럭 모 孔 구멍 공)
⑭ **抵抗(저항)** 어떤 힘이나 조건에 굽히지 아니하고 거역하거나 버팀
　　　　　　　(抵 막을 저 抗 대항할 항)
⑮ **冊床(책상)** 앉아서 책을 읽거나 글을 쓰거나 사무를 보거나 할
　　　　　　　때에 앞에 놓고 쓰는 상(冊 책 책 床 평상 상)

3급 한자

119	120	121	122	123
泊	拍	返	拔	芳

124	125	126	127	128
附	府	奔	拂	卑

129	130	131	132	133
肥	社	祀	狀	析

134	135	136	137	138
刷	垂	昇	侍	亞

139	140	141	142	143
芽	岳	岸	押	沿

3급 한자

144	泳	헤엄칠 영
145	委	맡길 위
146	乳	젖 유
147	宜	마땅 의
148	刺	찌를 자(척)
149	抵	막을 저
150	底	밑 저
151	征	칠 정
152	制	절제할 제
153	拙	옹졸할 졸
154	周	두루 주
155	拓	넓힐 척
156	妾	첩 첩
157	抽	뽑을 추
158	枕	베개 침
159	卓	높을 탁
160	版	판목 판
161	板	널 판
162	肺	허파 폐
163	享	누릴 향
164	昏	어두울 혼
165	忽	갑자기 홀
166	況	상황 황
167	架	시렁 가 (총 9획)

3급 한자

193	赴	다다를 부
194	負	질 부
195	査	조사할 사
196	削	깎을 삭
197	宣	베풀 선
198	昭	밝을 소
199	帥	장수 수
200	述	펼 술
201	殃	재앙 앙
202	耶	어조사 야
203	疫	전염병 역
204	染	물들 염
205	映	비칠 영
206	畏	두려워할 외
207	胃	밥통 위
208	幽	그윽할 유
209	姻	혼인 인
210	姿	모양 자
211	訂	바로잡을 정
212	亭	정자 정
213	柱	기둥 주
214	洲	물가 주
215	奏	아뢸 주
216	俊	준걸 준
217	珍	보배 진

문제 02 다음 한자 단어의 음을 보기에서 골라 적어 보자.

① 拓本( ) ② 干拓( ) ③ 府庫( )

④ 災殃( ) ⑤ 將帥( ) ⑥ 祈雨( )

⑦ 恭敬( ) ⑧ 上昇( ) ⑨ 剛健( )

⑩ 派遣( ) ⑪ 契約( ) ⑫ 宿泊( )

⑬ 背叛( ) ⑭ 負傷( ) ⑮ 監査( )

답을 골라 볼까...

부고	간척	재앙	기우	상승
감사	부상	탁본	장수	파견
공경	배반	계약	강건	숙박

※ 상공회의소 한자시험 기출 한자들입니다.

정답 한자 단어의 음과 뜻을 새기며 읽어 보자.

① 拓本(탁본) 비석, 기와, 기물 따위에 새겨진 글씨나 무늬를 종이에 그대로 떠냄(拓 박을 탁/밀칠 탁 本 근본 본)
② 干拓(간척) 육지에 면한 바다나 호수의 일부를 물을 빼내어 육지로 만드는 일(干 방패 간 拓 넓힐 척, 박을 탁)
③ 府庫(부고) 곳간(府 마을 부/관청 부 庫 곳집 고)
④ 災殃(재앙) 천재지변이나 뜻하지 아니하게 생긴 불행한 사고 (災 재앙 재 殃 재앙 앙)
⑤ 將帥(장수) 군사를 거느리는 우두머리(將 장수 장 帥 장수 수)
⑥ 祈雨(기우) 날이 가물 때에 비가 오기를 빎(祈 빌 기 雨 비 우)
⑦ 恭敬(공경) 공손히 받들어 모심(恭 공손할 공 敬 공경 경)
⑧ 上昇(상승) 낮은 데서 위로 올라감(上 윗 상 昇 오를 승)
⑨ 剛健(강건) 굳세고 건전한 의지나 기상. 필력, 문세가 강하고 씩씩함 (剛 굳셀 강 健 굳셀 건)
⑩ 派遣(파견) 일정한 임무를 주어 사람을 보냄 (派 갈래 파 遣 보낼 견)
⑪ 契約(계약) 서로 지켜야 할 의무에 대하여 글이나 말로 정하여 둠 (契 맺을 계 約 맺을 약/약속할 약)
⑫ 宿泊(숙박) 여관이나 호텔 따위에서 잠을 자고 머무름 (宿 잘 숙 泊 머무를 박)
⑬ 背叛(배반) 믿음과 의리를 저버리고 돌아섬 (背 배반할 배/등 배 叛 배반할 반)
⑭ 負傷(부상) 몸에 상처를 입음(負 질 부 傷 다칠 상)
⑮ 監査(감사) 감독하고 검사함(監 볼 감 査 조사할 사)

3급 한자

242 貢 바칠 공	243 俱 함께 구	244 宮 집 궁	245 拳 주먹 권	246 鬼 귀신 귀
247 級 등급 급	248 豈 어찌 기	249 納 들일 납	250 茶 차 다(차)	251 唐 당나라 당
252 桃 복숭아 도	253 逃 도망할 도	254 倒 넘어질 도	255 凍 얼 동	256 娘 여자 랑(낭)
257 栗 밤 률	258 茫 아득할 망	259 埋 묻을 매	260 脈 줄기 맥	261 冥 어두울 명
262 迷 미혹할 미	263 班 나눌 반	264 般 가지 반	265 倣 본뜰 방	266 倍 곱 배

3급 한자

267 配 나눌 배	268 竝 나란히 병	269 峯 봉우리 봉	270 紛 어지러울 분	271 粉 가루 분
272 祕 숨길 비	273 朔 초하루 삭	274 桑 뽕나무 상	275 索 찾을 색	276 徐 천천히 서
277 恕 용서할 서	278 涉 건널 섭	279 衰 쇠할 쇠	280 殊 다를 수	281 殉 따라죽을 순
282 息 쉴 식	283 宴 잔치 연	284 娛 즐길 오	285 翁 늙은이 옹	286 辱 욕될 욕
287 院 집 원	288 員 인원 원	289 茲 이 자	290 恣 방자할 자	291 酌 술부을 작

3급 한자

| 292 宰 재상 재 | 293 租 조세 조 | 294 座 자리 좌 | 295 株 그루 주 | 296 珠 구슬 주 |

| 297 症 증세 증 | 298 振 떨칠 진 | 299 陣 진칠 진 | 300 疾 병 질 | 301 秩 차례 질 |

| 302 差 다를 차 | 303 捉 잡을 착 | 304 倉 곳집 창 | 305 哲 밝을 철 | 306 畜 짐승 축 |

| 307 臭 냄새 취 | 308 恥 부끄러울 치 | 309 値 값 치 | 310 浸 잠길 침 | 311 討 칠 토 |

| 312 浦 물가 포 | 313 捕 잡을 포 | 314 被 입을 피 | 315 疲 피곤할 피 | 316 航 배 항 |

3급 한자

| 317 奚 어찌 해 | 318 核 씨 핵 | 319 軒 집 헌 | 320 脅 위협할 협 | 321 浩 넓을 호 |

| 322 荒 거칠 황 | 323 悔 뉘우칠 회 | 324 候 기후 후 | 총11획 | 325 康 편안 강 |

| 326 健 굳셀 건 | 327 牽 이끌 견 | 328 竟 마침내 경 | 329 頃 잠깐 경 | 330 械 기계 계 |

| 331 啓 열 계 | 332 郭 둘레 곽 | 333 貫 꿸 관 | 334 掛 걸 괘 | 335 區 구분할 구 |

| 336 球 공 구 | 337 規 법 규 | 338 飢 주릴 기 | 339 寄 부칠 기 | 340 淡 맑을 담 |

3급 한자

341 帶 띠 대	342 途 길 도	343 陶 질그릇 도	344 豚 돼지 돈	345 略 간략할 략
346 掠 노략질할 략	347 梁 들보 량	348 鹿 사슴 록	349 累 여러 루	350 淚 눈물 루
351 陵 언덕 릉	352 梨 배 리	353 麻 삼 마	354 梅 매화 매	355 猛 사나울 맹
356 敏 민첩할 민	357 培 북돋울 배	358 排 밀칠 배	359 屛 병풍 병	360 符 부호 부
361 副 버금 부	362 崩 무너질 붕	363 婢 계집종 비	364 捨 버릴 사	365 蛇 긴뱀 사

문제 03 다음 한자 단어의 음을 보기에서 골라 적어 보자.

① 究竟 (　　) ② 牽引 (　　) ③ 惡臭 (　　)

④ 哲學 (　　) ⑤ 疲勞 (　　) ⑥ 倉庫 (　　)

⑦ 排斥 (　　) ⑧ 頃刻 (　　) ⑨ 倒産 (　　)

⑩ 迷宮 (　　) ⑪ 極祕 (　　) ⑫ 徐行 (　　)

⑬ 干涉 (　　) ⑭ 娛樂 (　　) ⑮ 病院 (　　)

답을 골라 볼까...

악취	견인	오락	창고	피로
극비	철학	도산	경각	미궁
배척	간섭	병원	구경	서행

※ 상공회의소 한자시험 기출 한자들입니다.

정답 한자 단어의 음과 뜻을 새기며 읽어 보자.

① 究竟(구경) 가장 지극한 깨달음(究 연구할 구 竟 마침내 경)
② 牽引(견인) 끌어서 당김(牽 이끌 견/끌 견 引 끌 인)
③ 惡臭(악취) 불쾌한 냄새(惡 악할 악 臭 냄새 취)
④ 哲學(철학) 인간과 세계에 대한 근본 원리와 삶의 본질 따위를 연구하는 학문(哲 밝을 철 學 배울 학)
⑤ 疲勞(피로) 과로로 정신이나 몸이 지친 상태
  (疲 피곤할 피 勞 일할 로(노))
⑥ 倉庫(창고) 물건이나 자재를 저장하거나 보관하는 건물
  (倉 곳집 창 庫 곳집 고)
⑦ 排斥(배척) 따돌리거나 거부하여 밀어 내침
  (排 밀칠 배 斥 물리칠 척)
⑧ 頃刻(경각) 아주 짧은 시간(頃 이랑 경/잠깐 경 刻 새길 각)
⑨ 倒産(도산) 재산을 모두 잃고 망함(倒 넘어질 도 産 낳을 산)
⑩ 迷宮(미궁) 사건, 문제 따위가 얽혀서 쉽게 해결하지 못하게 된 상태(迷 미혹할 미 宮 집 궁)
⑪ 極祕(극비) 절대 알려져서는 안 되는 중요한 일
  (極 극진할 극 祕 숨길 비)
⑫ 徐行(서행) 사람이나 차가 천천히 감(徐 천천히 서 行 다닐 행)
⑬ 干涉(간섭) 남의 일에 부당하게 참견함(干 방패 간 涉 건널 섭)
⑭ 娛樂(오락) 게임, 노래, 춤 등 여러 가지 방법으로 기분을 즐겁게 하는 일(娛 즐길 오 樂 즐길 락)
⑮ 病院(병원) 환자를 진찰하고 치료하는 데에 필요한 설비를 갖추어 놓은 곳(病 병 병 院 집 원)

3급 한자

366	367	368	369	370
斜	祥	敍	庶	逝

371	372	373	374	375
旋	掃	率	訟	孰

376	377	378	379	380
脣	術	晨	涯	御

381	382	383	384	385
焉	域	軟	庸	偶

386	387	388	389	390
郵	惟	悠	淫	紫

3급 한자

366 斜 비낄 사	367 祥 상서로울 상	368 敍 펼 서	369 庶 여러 서	370 逝 갈 서
371 旋 돌 선	372 掃 쓸 소	373 率 거느릴 솔 / 비율 률	374 訟 송사할 송	375 孰 누구 숙
376 脣 입술 순	377 術 재주 술	378 晨 새벽 신	379 涯 물가 애	380 御 거느릴 어
381 焉 어찌 언	382 域 지경 역	383 軟 연할 연	384 庸 떳떳할 용	385 偶 짝 우
386 郵 우편 우	387 惟 생각할 유	388 悠 멀 유	389 淫 음란할 음	390 紫 자줏빛 자

3급 한자

391	392	393	394	395
張	莊	帳	寂	專
베풀 장	씩씩할 장	장막 장	고요할 적	오로지 전

396	397	398	399	400
組	條	陳	彩	戚
짤 조	가지 조	베풀 진	채색 채	친척 척

401	402	403	404	405
添	逐	側	貪	透
더할 첨	쫓을 축	곁 측	탐낼 탐	사무칠 투

406	407	408	409	410
販	偏	票	畢	荷
팔 판	치우칠 편	표 표	마칠 필	멜 하

411	412	413	총12획	414
陷	絃	毫		距
빠질 함	줄 현	터럭(털) 호		상거할 거 / 떨어질 거

415 傑 뛰어날 걸	416 硬 굳을 경	417 卿 벼슬 경	418 階 섬돌 계	419 菊 국화 국
420 厥 그 궐	421 菌 버섯 균	422 琴 거문고 금	423 棄 버릴 기	424 欺 속일 기
425 惱 번뇌할 뇌	426 貸 빌릴 대	427 隊 무리 대	428 盜 도둑 도	429 渡 건널 도
430 敦 도타울 돈	431 鈍 둔할 둔	432 絡 이을 락	433 裂 찢어질 렬(열)	434 隆 높을 륭
435 媒 중매 매	436 貿 무역할 무	437 博 넓을 박	438 傍 곁 방	439 補 기울 보

3급 한자

440	普	넓을 보
441	費	쓸 비
442	斯	이 사
443	詐	속일 사
444	詞	말 사
445	象	코끼리 상
446	訴	호소할 소
447	疏	소통할 소
448	粟	조 속
449	循	돌 순
450	尋	찾을 심
451	雅	맑을 아
452	雁	기러기 안
453	詠	읊을 영
454	援	도울 원
455	越	넘을 월
456	圍	에워쌀 위
457	裕	넉넉할 유
458	閏	윤달 윤
459	逸	편안할 일
460	殘	남을 잔
461	粧	단장할 장
462	掌	손바닥 장
463	裁	옷마를 재
464	程	한도 정

3급 한자

465	466	467	468	469
堤	提	智	創	策

470	471	472	473	474
替	逮	超	測	湯

475	476	477	478	479
痛	評	幅	割	港

480	481	482	483	484
項	惑	換	揮	稀

총13획

485	486	487	488
暇	幹	隔	絹

3급 한자

번호	한자	훈음
465	堤	둑 제
466	提	끌 제
467	智	지혜 지
468	創	비롯할 창
469	策	꾀 책
470	替	바꿀 체
471	逮	잡을 체
472	超	뛰어넘을 초
473	測	헤아릴 측
474	湯	끓을 탕
475	痛	아플 통
476	評	평할 평
477	幅	폭 폭
478	割	벨 할
479	港	항구 항
480	項	항목 항
481	惑	미혹할 혹
482	換	바꿀 환
483	揮	휘두를 휘
484	稀	드물 희

총 13획

번호	한자	훈음
485	暇	틈 가
486	幹	줄기 간
487	隔	사이뜰 격
488	絹	비단 견

문제 04 다음 한자 단어의 음을 보기에서 골라 적어 보자.

① 能率( ) ② 引率( ) ③ 公卿( )

④ 距離( ) ⑤ 貸出( ) ⑥ 貿易( )

⑦ 普遍( ) ⑧ 浪費( ) ⑨ 訴訟( )

⑩ 御命( ) ⑪ 增幅( ) ⑫ 疏外( )

⑬ 傍觀( ) ⑭ 貪食( ) ⑮ 惟獨( )

답을 골라 볼까...

공경	보편	탐식	능률	대출
증폭	소외	소송	유독	어명
인솔	거리	낭비	무역	방관

※ 상공회의소 한자시험 기출 한자들입니다.

정답
한자 단어의 음과 뜻을 새기며 읽어 보자.

① **能率**(능률) 일정한 시간에 할 수 있는 일의 비율
   (**能** 능할 능 **率** 비율 률(율), 거느릴 솔)
② **引率**(인솔) 여러 사람을 이끌고 감(**引** 끌 인 **率** 거느릴 솔)
③ **公卿**(공경) 고관의 총칭(**公** 공평할 공 **卿** 벼슬 경)
④ **距離**(거리) 두 개의 물건이나 장소 따위가 공간적으로 떨어진 길이
   (**距** 떨어질 거 **離** 떠날 리(이))
⑤ **貸出**(대출) 돈이나 물건 따위를 빌려 줌(**貸** 빌릴 대 **出** 날 출)
⑥ **貿易**(무역) 나라와 나라 사이에 서로 물건을 사고파는 일
   (**貿** 무역할 무 **易** 바꿀 역)
⑦ **普遍**(보편) 두루 공통되거나 들어맞음(**普** 넓을 보 **遍** 두루 편)
⑧ **浪費**(낭비) 시간이나 재물 따위를 헛되이 헤프게 씀
   (**浪** 물결 낭(랑) **費** 쓸 비)
⑨ **訴訟**(소송) 재판에 의하여 권리나 의무등의 법률관계를 확정해
   줄 것을 법원에 요구함(**訴** 호소할 소 **訟** 송사할 송)
⑩ **御命**(어명) 임금의 명령(**御** 거느릴 어 **命** 목숨 명)
⑪ **增幅**(증폭) 사물의 범위가 늘어나 커짐. 사물의 범위를 넓혀 크게 함
   (**增** 더할 증 **幅** 폭 폭)
⑫ **疏外**(소외) 어떤 무리에서 싫어하여 따돌리거나 멀리함
   (**疏** 소통할 소 **外** 바깥 외)
⑬ **傍觀**(방관) 어떤 일에 나서서 관여하지 않고 곁에서 보기만 함
   (**傍** 곁 방 **觀** 볼 관)
⑭ **貪食**(탐식) 음식을 탐냄(**貪** 탐낼 탐 **食** 밥 식/먹을 식)
⑮ **惟獨**(유독) 많은 것 가운데 홀로 두드러지게
   (**惟** 생각할 유 **獨** 홀로 독)

3급 한자

489	傾	기울 경
490	鼓	북 고
491	誇	자랑할 과
492	塊	덩어리 괴
493	愧	부끄러울 괴
494	較	견줄 교
495	群	무리 군
496	僅	겨우 근
497	禽	새 금
498	腦	골 뇌
499	跳	뛸 도
500	塗	칠할 도
501	督	감독할 독
502	亂	어지러울 란
503	廊	사랑채 랑
504	廉	청렴할 렴
505	零	떨어질 령
506	祿	녹 록(녹)
507	雷	우레 뢰
508	裏	속 리
509	盟	맹세 맹
510	滅	멸할 멸
511	募	모을 모
512	睦	화목할 목
513	微	작을 미

3급 한자

514 煩 번거로울 번	515 腹 배 복	516 蜂 벌 봉	517 碑 비석 비	518 聘 부를 빙
519 詳 자세할 상	520 塞 변방 새 / 막힐 색	521 損 덜 손	522 頌 칭송할 송	523 睡 졸음 수
524 遂 드디어 수	525 搜 찾을 수	526 肅 엄숙할 숙	527 愼 삼갈 신	528 楊 버들 양
529 鉛 납 연	530 傲 거만할 오	531 鳴 슬플 오	532 腰 허리 요	533 搖 흔들 요
534 愚 어리석을 우	535 源 근원 원	536 違 어긋날 위	537 愈 나을 유	538 賃 품삯 임

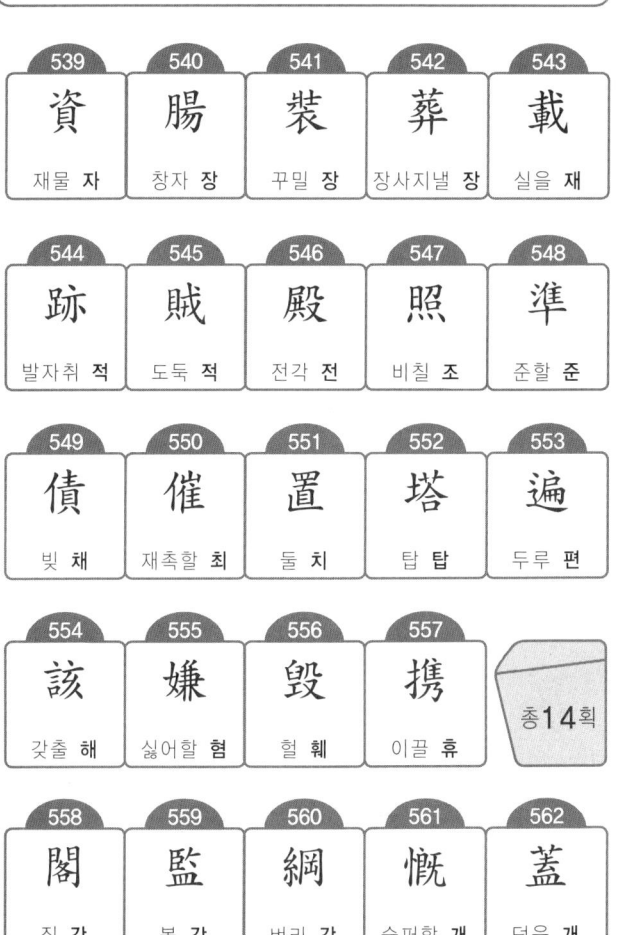

3급 한자

| 563 遣 보낼 견 | 564 境 지경 경 | 565 寡 적을 과 | 566 管 대롱 관 | 567 慣 익숙할 관 |

| 568 構 얽을 구 | 569 旗 기 기 | 570 緊 긴할 긴 | 571 寧 편안할 녕 | 572 團 둥글 단 |

| 573 臺 대 대 | 574 銅 구리 동 | 575 僚 동료 료 | 576 屢 여러 루 | 577 漏 샐 루 |

| 578 幕 장막 막 | 579 漠 넓을 막 | 580 漫 흩어질 만 | 581 慢 거만할 만 | 582 綿 솜 면 |

| 583 銘 새길 명 | 584 貌 모양 모 | 585 夢 꿈 몽 | 586 蒙 어두울 몽 | 587 墓 무덤 묘 |

3급 한자

588 蜜 꿀 밀	589 罰 벌할 벌	590 碧 푸를 벽	591 複 겹칠 복	592 鳳 봉새 봉
593 腐 썩을 부	594 賓 손 빈	595 嘗 맛볼 상	596 裳 치마 상	597 像 모양 상
598 署 마을 서	599 誓 맹세할 서	600 誦 외울 송	601 需 쓰일 수	602 僧 중 승
603 飾 꾸밀 식	604 演 펼 연	605 獄 옥 옥	606 遙 멀 요	607 僞 거짓 위
608 維 벼리 유	609 誘 꾈 유	610 疑 의심할 의	611 障 막을 장	612 奬 장려할 장

문제 05
다음 한자 단어의 음을 보기에서 골라 적어 보자.

① 緊張( )   ② 愚鈍( )   ③ 塞責( )

④ 誇張( )   ⑤ 嚴肅( )   ⑥ 亞鉛( )

⑦ 需要( )   ⑧ 疑惑( )   ⑨ 嫌惡( )

⑩ 質疑( )   ⑪ 複雜( )   ⑫ 慣例( )

⑬ 緊急( )   ⑭ 銅像( )   ⑮ 和睦( )

답을 골라 볼까...

질의	긴장	혐오	아연	관례
과장	복잡	동상	의혹	색책
수요	긴급	화목	우둔	엄숙

※ 상공회의소 한자시험 기출 한자들입니다.

정답 한자 단어의 음과 뜻을 새기며 읽어 보자.

① 緊張(긴장) 마음을 조이고 정신을 바짝 차림
 (緊 긴할 긴 張 베풀 장)
② 愚鈍(우둔) 어리석고 둔함 (愚 어리석을 우 鈍 둔할 둔)
③ 塞責(색책) 책임을 면하기 위하여 겉으로만 둘러대어 꾸밈
 (塞 막힐 색 責 꾸짖을 책)
④ 誇張(과장) 사실보다 지나치게 불려서 나타냄
 (誇 자랑할 과 張 베풀 장)
⑤ 嚴肅(엄숙) 분위기나 의식 따위가 장엄하고 정숙함
 (嚴 엄할 엄 肅 엄숙할 숙)
⑥ 亞鉛(아연) 질(質)이 무르고 광택이 나는 청색을 띤 흰색의 금속 원소(亞 버금 아 鉛 납 연)
⑦ 需要(수요) 어떤 재화나 용역을 일정한 가격으로 사려고 하는 욕구
 (需 쓰일 수 要 요긴할 요)
⑧ 疑惑(의혹) 의심하여 수상히 여김(疑 의심할 의 惑 미혹할 혹)
⑨ 嫌惡(혐오) 싫어하고 미워함(嫌 싫어할 혐 惡 미워할 오)
⑩ 質疑(질의) 의심나거나 모르는 점을 물음
 (質 바탕 질 疑 의심할 의)
⑪ 複雜(복잡) 일이나 감정 따위가 갈피를 잡기 어려울 만큼 여러 가지가 얽혀 있음(複 겹칠 복, 겹칠 부 雜 섞일 잡)
⑫ 慣例(관례) 전부터 내려오던 전례가 관습으로 굳어진 것
 (慣 익숙할 관 例 법식 례(예))
⑬ 緊急(긴급) 긴요하고 급함(緊 긴할 긴 急 급할 급)
⑭ 銅像(동상) 구리로 만든 사람의 형상(銅 구리 동 像 형상 상)
⑮ 和睦(화목) 서로 뜻이 맞고 정다움(和 화할 화 睦 화목할 목)

613 摘 딸 적	614 滴 물방울 적	615 漸 점점 점	616 際 즈음 제	617 齊 가지런할 제
618 蒸 찔 증	619 誌 기록할 지	620 慘 참혹할 참	621 暢 화창할 창	622 蒼 푸를 창
623 滯 막힐 체	624 遞 갈릴 체	625 銃 총 총	626 蓄 모을 축	627 漆 옻 칠
628 寢 잘 침	629 稱 일컬을 칭	630 誕 낳을 탄	631 奪 빼앗을 탈	632 態 모습 태
633 頗 자못 파	634 飽 배부를 포	635 漂 떠다닐 표	636 豪 호걸 호	637 魂 넋 혼

3급 한자

638	禍	재앙 화
639	劃	그을 획
	총15획	
640	槪	대개 개
641	儉	검소할 검
642	劍	칼 검
643	稿	원고 고
644	寬	너그러울 관
645	窮	다할 궁
646	劇	심할 극
647	畿	경기 기
648	踏	밟을 답
649	稻	벼 도
650	諒	살펴알 량
651	慮	생각할 려
652	憐	불쌍히여길 련(연)
653	蓮	연꽃 련
654	樓	다락 루
655	輪	바퀴 륜
656	履	밟을 리
657	隣	이웃 린
658	慕	그릴 모
659	模	본뜰 모
660	廟	사당 묘
661	憫	민망할 민

3급 한자

662 盤 소반 반	663 髮 터럭 발	664 輩 무리 배	665 範 법 범	666 賦 부세 부
667 墳 무덤 분	668 憤 분할 분	669 賜 줄 사	670 寫 베낄 사	671 緖 실마리 서
672 蔬 나물 소	673 熟 익힐 숙	674 審 살필 심	675 樣 모양 양	676 緣 인연 연
677 閱 볼 열	678 影 그림자 영	679 銳 날카로울 예	680 緩 느릴 완	681 慾 욕심 욕
682 緯 씨줄 위	683 慰 위로할 위	684 衛 지킬 위	685 潤 불을 윤/윤택할 윤	686 儀 거동 의

3급 한자

687	潛	잠길 잠
688	暫	잠깐 잠
689	蝶	나비 접
690	潮	밀물 조
691	憎	미울 증
692	震	우레 진
693	徵	부를 징
694	慙	부끄러울 참
695	賤	천할 천
696	踐	밟을 천
697	徹	통할 철
698	衝	찌를 충
699	趣	뜻 취
700	醉	취할 취
701	層	층 층
702	墮	떨어질 타
703	歎	탄식할 탄
704	彈	탄알 탄
705	播	뿌릴 파
706	罷	마칠 파
707	編	엮을 편
708	幣	화폐 폐
709	廢	폐할 폐
710	弊	해질 폐
711	標	표할 표

3급 한자

712 慧 슬기로울 혜	713 確 굳을 확	714 輝 빛날 휘	총16획	715 鋼 강철 강
716 據 근거 거	717 激 격할 격	718 龜 거북 구(귀)	719 錦 비단 금	720 機 틀 기
721 器 그릇 기	722 壇 단 단	723 擔 멜 담	724 糖 엿 당(탕)	725 導 인도할 도
726 篤 도타울 독	727 諾 허락할 락	728 曆 책력 력	729 隷 종 례	730 錄 기록할 록
731 賴 의뢰할 뢰	732 龍 용 룡	733 磨 갈 마	734 謀 꾀 모	735 默 잠잠할 묵

문제 06 다음 한자 단어의 음을 보기에서 골라 적어 보자.

① 依據 (　　) ② 滿潮 (　　) ③ 干潮 (　　)

④ 機構 (　　) ⑤ 潮差 (　　) ⑥ 雪糖 (　　)

⑦ 播種 (　　) ⑧ 儉素 (　　) ⑨ 窮地 (　　)

⑩ 導達 (　　) ⑪ 許諾 (　　) ⑫ 遺緖 (　　)

⑬ 審議 (　　) ⑭ 慾心 (　　) ⑮ 儀禮 (　　)

답을 골라 볼까...

조차	설탕	욕심	만조	간조
도달	검소	궁지	기구	허락
유서	심의	의례	의거	파종

※ 상공회의소 한자시험 기출 한자들입니다.

정답 한자 단어의 음과 뜻을 새기며 읽어 보자.

① **依據(의거)** 어떤 사실이나 원리 따위에 근거함
(**依** 의지할 의 **據** 근거 거)
② **滿潮(만조)** 밀물이 가장 높은 해면까지 꽉 차게 들어오는 현상
(**滿** 찰 만 **潮** 조수 조/밀물 조)
③ **干潮(간조)** 바다에서 조수가 빠져나가 해수면이 가장 낮아진 상태
(**干** 방패 간 **潮** 조수 조/밀물 조)
④ **機構(기구)** 많은 사람이 모여 어떤 목적을 위하여 구성한 조직이나
기관의 구성 체계(**機** 틀 기 **構** 얽을 구)
⑤ **潮差(조차)** 밀물과 썰물 때의 수위의 차(**潮** 조수 조 **差** 다를 차)
⑥ **雪糖(설탕)** 맛이 달고 물에 잘 녹는 결정체(**雪** 눈 설 **糖** 엿 탕)
⑦ **播種(파종)** 논밭에 씨앗을 뿌리는 일(**播** 뿌릴 파 **種** 씨 종)
⑧ **儉素(검소)** 사치하지 않고 꾸밈없이 수수함
(**儉** 검소할 검 **素** 본디 소)
⑨ **窮地(궁지)** 매우 곤란하고 어려운 일을 당한 처지
(**窮** 다할 궁/궁할 궁 **地** 땅 지)
⑩ **導達(도달)** 윗사람이 모르는 사정을 아랫사람이 때때로 넌지시
알려 줌(**導** 인도할 도 **達** 통달할 달)
⑪ **許諾(허락)** 청하는 일을 하도록 들어줌(**許** 허락할 허 **諾** 허락할 락)
⑫ **遺緖(유서)** 선대(先代)부터 이어온 사업(**遺** 남길 유 **緖** 실마리 서)
⑬ **審議(심의)** 심사하고 토의함(**審** 살필 심 **議** 의논할 의)
⑭ **慾心(욕심)** 분수에 넘치게 무엇을 탐내거나 누리고자 하는 마음
(**慾** 욕심 욕 **心** 마음 심)
⑮ **儀禮(의례)** 형식을 갖춘 예의(**儀** 거동 의 **禮** 예도 례(예))

736	737	738	739	740
壁	辨	奮	頻	燒

741	742	743	744	745
輸	隨	餓	謁	燕

746	747	748	749	750
燃	豫	擁	謂	儒

751	752	753	754	755
凝	墻	積	整	操

756	757	758	759	760
遵	遲	錯	遷	築

3급 한자

736	壁	벽 벽
737	辨	분별할 변
738	奮	떨칠 분
739	頻	자주 빈
740	燒	불사를 소
741	輸	보낼 수
742	隨	따를 수
743	餓	주릴 아
744	謁	뵐 알
745	燕	제비 연
746	燃	불탈 연
747	豫	미리 예
748	擁	낄 옹
749	謂	이를 위
750	儒	선비 유
751	凝	엉길 응
752	墻	담 장
753	積	쌓을 적
754	整	가지런할 정
755	操	잡을 조
756	遵	좇을 준
757	遲	더딜 지
758	錯	어긋날 착
759	遷	옮길 천
760	築	쌓을 축

3급 한자

761	762	763	764	765
濁	澤	擇	蔽	憲

766	767	768	769	770
險	縣	螢	衡	橫

771		772	773	774
曉	총17획	懇	檢	擊

775	776	777	778	779
謙	館	矯	檀	濫

780	781	782	783	784
勵	鍊	聯	嶺	臨

3급 한자

761 濁 흐릴 탁	762 澤 못 택	763 擇 가릴 택	764 蔽 덮을 폐	765 憲 법 헌
766 險 험할 험	767 縣 고을 현	768 螢 반딧불 형	769 衡 저울대 형	770 橫 가로 횡
771 曉 새벽 효	총17획	772 懇 간절할 간	773 檢 검사할 검	774 擊 칠 격
775 謙 겸손할 겸	776 館 집 관	777 矯 바로잡을 교	778 檀 박달나무 단	779 濫 넘칠 람
780 勵 힘쓸 려	781 鍊 쇠불릴 련	782 聯 연이을 련	783 嶺 고개 령	784 臨 임할 림

3급 한자

785	786	787	788	789
薄	繁	償	禪	瞬

790	791	792	793	794
濕	壓	輿	營	謠

795	796	797	798	799
優	隱	翼	績	點

800	801	802	803	804
濟	燥	縱	薦	燭

805	806	807	808	809
總	聰	醜	縮	濯

3급 한자

785 薄 엷을 박	786 繁 번성할 번	787 償 갚을 상	788 禪 선 선	789 瞬 눈깜짝일 순
790 濕 젖을 습	791 壓 누를 압	792 輿 수레 여	793 營 경영할 영	794 謠 노래 요
795 優 넉넉할 우	796 隱 숨을 은	797 翼 날개 익	798 績 길쌈 적	799 點 점 점
800 濟 건널 제	801 燥 마를 조	802 縱 세로 종	803 薦 천거할 천	804 燭 촛불 촉
805 總 다 총	806 聰 귀밝을 총	807 醜 추할 추	808 縮 줄일 축	809 濯 씻을 탁

3급 한자

810 避 피할 피	811 鴻 기러기 홍	812 還 돌아올 환	813 環 고리 환	814 獲 얻을 획
815 戲 놀이 희	총18획	816 簡 간략할 간	817 謹 삼갈 근	818 騎 말탈 기
819 斷 끊을 단	820 糧 양식 량	821 獵 사냥 렵	822 覆 다시 복	823 雙 쌍 쌍
824 鎖 쇠사슬 쇄	825 額 이마 액	826 爵 벼슬 작	827 雜 섞일 잡	828 藏 감출 장
829 轉 구를 전	830 職 직분 직	831 織 짤 직	832 鎭 진압할 진	833 礎 주춧돌 초

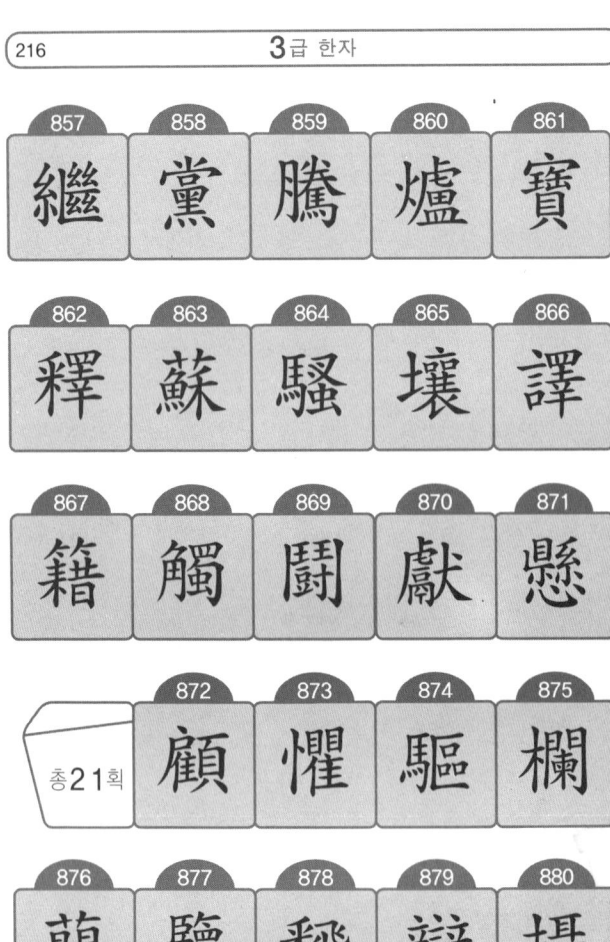

3급 한자

857 繼 이을 계	858 黨 무리 당	859 騰 오를 등	860 爐 화로 로	861 寶 보배 보
862 釋 풀 석	863 蘇 되살아날 소	864 騷 떠들 소	865 壤 흙덩이 양	866 譯 번역할 역
867 籍 문서 적	868 觸 닿을 촉	869 鬪 싸움 투	870 獻 드릴 헌	871 懸 매달 현

총21획

872 顧 돌아볼 고	873 懼 두려워할 구	874 驅 몰 구	875 欄 난간 란

876 蘭 난초 란	877 覽 볼 람	878 飜 번역할 번	879 辯 말씀 변	880 攝 다스릴 섭

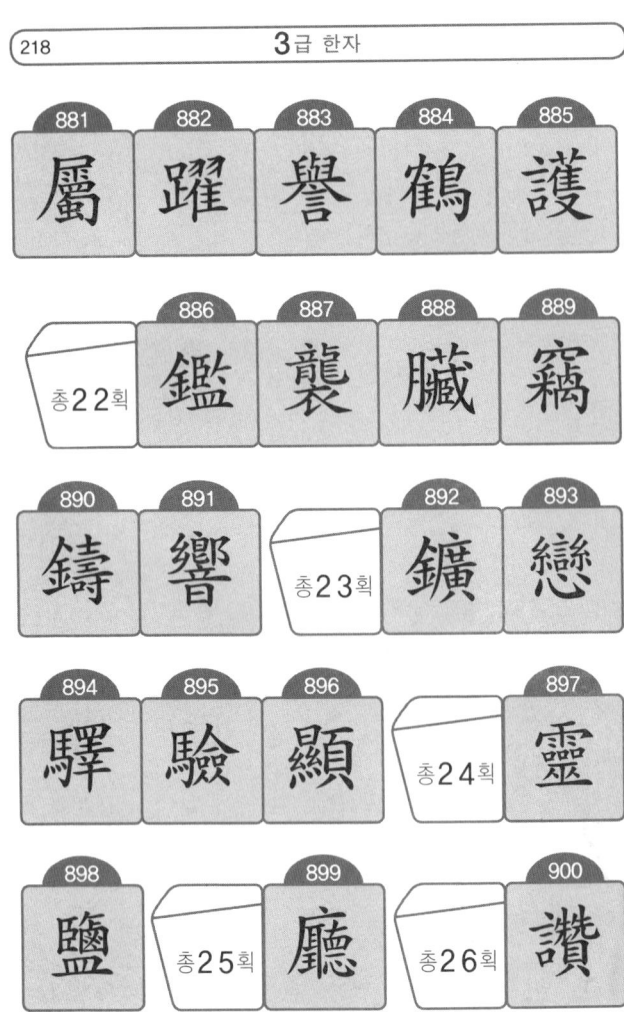

3급 한자

번호	한자	훈음
881	屬	무리 속 / 이을 촉
882	躍	뛸 약
883	譽	기릴 예
884	鶴	학 학
885	護	도울 호

총 22획

번호	한자	훈음
886	鑑	거울 감
887	襲	엄습할 습
888	臟	오장 장
889	竊	훔칠 절

번호	한자	훈음
890	鑄	쇠불릴 주
891	響	울릴 향

총 23획

번호	한자	훈음
892	鑛	쇳돌 광
893	戀	그리워할 련

번호	한자	훈음
894	驛	역 역
895	驗	시험 험
896	顯	나타날 현

총 24획

번호	한자	훈음
897	靈	신령 령
898	鹽	소금 염

총 25획

번호	한자	훈음
899	廳	관청 청

총 26획

번호	한자	훈음
900	讚	기릴 찬

문제 07 다음 한자 단어의 음을 보기에서 골라 적어 보자.

① 濕性(　　)　② 鴻恩(　　)　③ 邊境(　　)

④ 閉鎖(　　)　⑤ 稱讚(　　)　⑥ 攻擊(　　)

⑦ 釋放(　　)　⑧ 優秀(　　)　⑨ 乾燥(　　)

⑩ 覺悟(　　)　⑪ 顧客(　　)　⑫ 激勵(　　)

⑬ 繁榮(　　)　⑭ 壁報(　　)　⑮ 辭表(　　)

답을 골라 볼까...

변경	홍은	벽보	공격	칭찬
고객	폐쇄	건조	우수	각오
석방	번영	사표	습성	격려

※ 상공회의소 한자시험 기출 한자들입니다.

정답

한자 단어의 음과 뜻을 새기며 읽어 보자.

① 濕性(습성) 공기 중에서 잘 마르지 않고 젖어 있는 성질
(濕 젖을 습 性 성품 성)
② 鴻恩(홍은) 넓고 큰 은혜(鴻 기러기 홍 恩 은혜 은)
③ 邊境(변경) 나라의 경계가 되는 변두리의 땅(邊 가 변 境 지경 경)
④ 閉鎖(폐쇄) 문 따위를 닫아걸거나 막아 버림
(閉 닫을 폐 鎖 쇠사슬 쇄)
⑤ 稱讚(칭찬) 좋은 점이나 착하고 훌륭한 일을 높이 평가함
(稱 일컬을 칭 讚 기릴 찬)
⑥ 攻擊(공격) 나아가 적을 침(攻 칠 공 擊 칠 격)
⑦ 釋放(석방) 법에 의하여 구속하였던 사람을 풀어 자유롭게 하는 일
(釋 풀 석 放 놓을 방)
⑧ 優秀(우수) 여럿 가운데 뛰어남(優 뛰어날 우 秀 빼어날 수)
⑨ 乾燥(건조) 말라서 습기가 없음(乾 마를 건 燥 마를 조)
⑩ 覺悟(각오) 앞으로 해야 할 일이나 겪을 일에 대한 마음의 준비
(覺 깨달을 각 悟 깨달을 오)
⑪ 顧客(고객) 상점 따위에 물건을 사러 오는 손님
(顧 돌아볼 고 客 손 객)
⑫ 激勵(격려) 용기나 의욕이 솟아나도록 북돋워 줌
(激 격할 격 勵 힘쓸 려(여))
⑬ 繁榮(번영) 번성하고 영화롭게 됨(繁 번성할 번 榮 영화 영)
⑭ 壁報(벽보) 벽이나 게시판에 붙여 널리 알리는 글
(壁 벽 벽 報 알릴 보/갚을 보)
⑮ 辭表(사표) 직책에서 사임하겠다는 뜻을 적어 내는 문서
(辭 말씀 사 表 겉 표)

읽어보는 3급 사자성어

孤立無援(고립무원) 주변에 아무도 없는 외톨이
　　　　　　　　(孤 외로울 고 立 설 립 無 없을 무 援 도울 원)

孤掌難鳴(고장난명) 외손뼉은 울릴 수 없다. 혼자는 일을 이루기 힘듦
　　　　　　　　(孤 외로울 고 掌 손바닥 장 難 어려울 난 鳴 울 명)

凍足放尿(동족방뇨) 언 발에 오줌 누기. 효력이 잠시 동안만 있고
　　　　　　　　바로 사라짐
　　　　　　　　(凍 얼 동 足 발 족 放 놓을 방 尿 오줌 뇨)

不恥下問(불치하문) 자기보다 아랫사람에게 배우는 것을 부끄럽게
　　　　　　　　여기지 않음
　　　　　　　　(不 아닐 불 恥 부끄러울 치 下 아래 하 問 물을 문)

桑田碧海(상전벽해) 뽕나무밭이 변하여 푸른 바다가 됨. 세상 일이
　　　　　　　　덧없이 변함
　　　　　　　　(桑 뽕나무 상 田 밭 전 碧 푸를 벽 海 바다 해)

牛刀割鷄(우도할계) 소 잡는 칼로 닭을 잡는다. 작은 일에 어울리지
　　　　　　　　아니하게 큰 도구를 씀
　　　　　　　　(牛 소 우 刀 칼 도 割 벨 할 鷄 닭 계)

含憤蓄怨(함분축원) 분하고 원통한 마음을 품음
　　　　　　　　(含 머금을 함 憤 분할 분 蓄 모을 축 怨 원망할 원)

喪家之狗(상가지구) 초상집의 개. 별 대접을 받지 못하는 사람
　　　　　　　　(喪 잃을 상 家 집 가 之 갈 지 狗 개 구)

赤手空拳(적수공권) 맨손과 맨주먹. 아무것도 가진 것이 없음
　　　　　　　　(赤 붉을 적 手 손 수 空 빌 공 拳 주먹 권)

表裏不同(표리부동) 겉과 속이 다름
　　　　　　　　(表 겉 표 裏 속 리 不 아닐 부 同 한가지 동)